LOTHAR SEIWERT

DIE TIGER-STRATEGIE

Während der Tiger nicht aufhören kann,
Tiger zu sein, sich nicht enttigern kann,
lebt der Mensch in ständiger Gefahr,
sich zu entmenschlichen.

José Ortega y Gasset

Dedicated with Love to
Dr. Renée Moore
My White Tiger Power Woman

LOTHAR SEIWERT

DIE TIGER-STRATEGIE

WER FÜR SEINE ERFOLGE
NICHT SELBER SORGT,
HAT SIE NICHT VERDIENT

ARISTON α

Bibliografische Information der Deutschen Bibliothek

Die Deutsche Bibliothek verzeichnet diese Publikation in der Deutschen Nationalbibliografie; detaillierte bibliografische Daten sind im Internet unter http://dnb.ddb.de abrufbar.

Verlagsgruppe Random House FSC® N001967

Redaktion: Dr. Diane Zilliges
Umschlaggestaltung: werdewelt GmbH, Mittenaar
unter Verwendung eines Motivs von Oleg Kozlov/Shutterstock
Layout und Satz: www.werdewelt.info
Druck und Bindung: cpi books GmbH, Leck, Printed in Germany

Bilder, Benutzung unter Lizenz von Shutterstock.com:
Oleg Kozlov (Cover, S. 3, S. 81, S. 85), Colette3 (S. 6, S. 155), Julie Dreamcatcher (S. 10), stockphoto mania (S. 14), KAMONRAT (S. 14, S. 79, S. 85, Vladimir Korostyshevskiy (S. 14), davemhuntphotography (S. 16), SantiPhotoSS (S. 16), tratong (S. 16, S. 131, S. 141), LMPphoto (S. 16), olga_gl (S. 17), Drozdowski (S. 17, S. 56, S. 65), Athul George (S. 17), EpicStockMedia (S. 18), worldswildlifewonders (S. 22, S. 47), Nolte Lourens (S. 26, S. 47), Julian W (S. 33, S. 47), FrameAngel (S. 39, S. 47), Volt Collection (S. 42, S. 47, S. 146), David Evison (S. 45, S. 47), Dchauy (S. 48), Vadim Petrakov (S. 52, S. 66, S. 68, S. 85, S. 86, S. 102), Maciej Bledowski (S. 55, S. 65), Kjersti Joergensen (S. 59, S. 65), Pan Xunbin (S. 61, S. 65), Kevin Wells Photography (S. 62, S. 65), Makaule (S. 71, S. 85), Stacey Ann Alberts (S. 73, S. 85), NatUlrich (S. 75, S. 85), JaysonPhotography (S.82, S. 85), Sukpaiboonwat (S. 88, S. 101), Mikhail Kolesnikov (S. 91, S. 101), Girish HC (S. 94, S. 101), Pradit.Ph (S. 97, S. 101), Vassamon Anansukkasem (S. 99, S. 101), Mihai Petre (S. 105, S. 117), Gennady Grechishkin (S. 106, S. 117), Jez Bennett (S. 110, S. 117), Nick Biemans (S. 113, S. 117), Ryan Ladbrook (S. 114, S. 117), Fototrips (S. 118), Alexander Mazurkevich (S. 120, S. 125), Valentijn Tempels (S. 123, S. 125), rujithai (S. 124, S. 125), Destinyweddingstudio (S. 126, S. 160), Daniel J. Rao (S. 128, S. 141), Eduard Kyslynskyy (S. 134, S. 141), visa netpakdee (S. 139, S. 141), FX (S.151), nattanan726 (S. 155), Nachiketa Bajaj (S. 155), goldenjack (S. 156), Ruud Morijn Photographer (S. 160)

ISBN 978-3-424-20139-0

INHALT

Vorwort

**Wenn sich der Tiger duckt,
dann sage nicht,
dass er sich vor dir verbeugt.**

Kambodschanische Weisheit

Viele meiner Leser kennen meine Passion für Bären, wenige bisher meine Leidenschaft für Tiger. Was die meisten nicht wissen: Ich bin auf Sumatra geboren. Die Faszination für die größte aller Wildkatzen wurde mir also gewissermaßen in die Wiege gelegt. Vielleicht haben die Ausflüge, die ich mit meinen Eltern in den Dschungel unternahm und bei denen mir einmal sogar ein Tiger begegnete, unbewusst dazu beigetragen, ein Leben lang die Verhaltensweisen wilder Tiere zu beobachten. Schließlich findet sich in der Tierwelt jede Menge Inspiration für uns Menschen.

Mit der *Tiger-Strategie* lege ich erstmals die Erfolgsprinzipien offen, nach denen ich ein Leben lang gehandelt habe. In der Rückschau auf meine eigenen Erfahrungen wie auch durch die Arbeit mit unzähligen Menschen haben sich fünf Schlüsselkompetenzen herauskristallisiert, die erfolgreiche von weniger erfolgreichen Menschen unterscheiden: *Klarheit, Kraft, Kampfgeist, Konzentration* und *Konsequenz.*

Warum gerade ein Tiger? In ihm vereinen sich die fünf Schlüsselkompetenzen, die mein Denken und Handeln geprägt haben, auf harmonische Weise. Wie kein anderes Tier steht er für genau diese fünf Qualitäten. Der Tiger hat keine natürlichen Feinde und wird deshalb in vielen Kulturen Asiens als Herrscher des Dschungels verehrt. Er ist aber nicht nur ein Symbol für Stärke, Mut und Tapferkeit, sondern auch ein Meister der Jagd und ein

Stratege, der seine Kraft nicht bei einer erschöpfenden Hetzjagd vergeudet. Auch wenn nur ein Teil seiner Jagdversuche erfolgreich verläuft – immer bleibt er hartnäckig und gibt nicht auf, bis er Beute gemacht hat. Ob im Gebirge, im Dschungel, in der Steppe oder im Wasser, mühelos passt er sich den Herausforderungen seines Lebensraumes an. Er jagt gegen den Wind, damit seine Beute ihn nicht wittert, schleicht sich geduckt an und hält sich so lange im Dickicht verborgen, bis er nah genug ist, um sie mit wenigen Sätzen zu stellen.

Wir Menschen haben etwas Wichtiges mit dem Tiger gemeinsam: Die Notwendigkeit, unser Überleben zu sichern, ist tief in uns verwurzelt. Dieser Hunger ist uns angeboren. Leider haben viele unserer Spezies ihren natürlichen Jagdtrieb über die Jahrhunderte, bedingt durch gesellschaftliche Sozialisierung, verlernt. Ich erlebe täglich, dass Erfolg mit reiner Leistung, mit Geldverdienen, Druck und Stress verbunden wird. Die einen überlassen das Jagen den anderen, die anderen empfinden dabei sofort Stress und wieder andere denken an Scheitern und Verlust. Vor lauter Verpflichtungen und Hektik kommen sie gar nicht dazu, ihre Kräfte sinnvoll für sich zu nutzen. Während ein Tiger nur jagt, um satt zu werden und sich zu erhalten, sind viele Menschen permanent auf Schnäppchenjagd nach dem günstigsten Angebot oder sie rennen ihren Träumen hinterher, ohne sie je zu erwischen.

Manchmal scheint es mir fast so, als sei der pro-aktive und eigenverantwortlich agierende Erfolgsmensch wie der Tiger eine vom Aussterben bedrohte Spezies. *Das Leben ist aber keine Hetzjagd* – ohne Aussicht auf Erfolg. Im Gegenteil! Das Wesen von Erfolg ist so vielfältig. Was der Einzelne darunter versteht oder als solchen empfindet, steht völlig unabhängig davon, wie die Umgebung diesen Begriff definiert beziehungsweise was andere erwarten.

Die Jagd ist eine sehr archaische Metapher für die Erfolgsthematik. Sie spielt in unserer Entwicklungsgeschichte eine elementare Rolle. Seit Urzeiten muss der Jäger sein Bestes geben, um nicht zum Gejagten zu werden. Unsere Vorfahren waren trotz der geringen Mittel, die ihnen zur Verfügung standen, sehr geschickte Jäger und entwickelten im Laufe der Evolution erstaunlich kreative Fähigkeiten, um diese Kunst zu verbessern.

Die Jagd besteht nicht nur aus dem Moment des Angriffs, sondern aus vielen Elementen: Wittern, Aufspüren, Anschleichen, Ausharren und im richtigen Moment Zupacken. Um erfolgreich zu sein, braucht der Jäger Instinkt und Intuition, aber auch Engagement, Ehrgeiz, Mut, Umsicht, Ausdauer, Kraft, Strategie und ein Gespür für das richtige Timing. All das sollten auch wir uns wieder aneignen. Die *Tiger-Strategie* will weder die Hetzjagd auf wilde Tiere noch Blutvergießen propagieren. Sie ist auch für friedliebende Menschen und Vegetarier geeignet. Das Motiv der Jagd bringt aber sehr gut die individuellen Bedürfnisse und vielfältigen Werte zum Ausdruck, die uns Menschen antreiben und die es zu befriedigen gilt, wenn wir ein glückliches und erfülltes Leben führen wollen: Anerkennung, Liebe, Sinn, Sicherheit, Reichtum, Freiheit, Selbstbestimmung – all das verbirgt sich in der Tiefe dieser Metapher. *Erfolg ist, was uns glücklich macht.* Wirklich glücklich.

Die Tigerkraft steckt in jedem Menschen, sie will nur entdeckt werden. Wie das geht, möchte ich dir mit dieser Fabel um den Tiger Ravi aufzeigen.

Was willst du sein:

Schmusekater oder Herrscher des Dschungels?

Wie viel Tigerenergie steckt in dir?

Geh einfach von deiner jetzigen Arbeits- und Lebenssituation aus und bewerte die einzelnen Aussagen und Einstellungen danach, wie es im Moment bei dir tatsächlich aussieht. Wähle bei jeder Frage die Aussage aus, die deiner Einschätzung nach *am ehesten* auf dich zutrifft.

0 – nein, stimmt gar nicht | **1** – stimmt selten, hin und wieder
2 – stimmt meistens, öfters | **3** – ja, stimmt voll und ganz

	0 1 2 3
1. Wenn ich morgens aufstehe und an meine Arbeit denke, weiß ich sogleich, was wichtig ist und was ich zu tun habe, um ein gutes Ergebnis zu erreichen.	☐ ☐ ☐ ☐

	0 1 2 3

2. Wenn ich unerwartete Aufgaben anpacken soll, bringe ich automatisch die dafür nötige Energie und Motivation auf. ☐ ☐ ☐ ☐

3. Wenn ich unter Druck gerate, konzentriere ich mich trotzdem auf das Wesentliche und riskiere auch etwas. ☐ ☐ ☐ ☐

4. Ich konzentriere mich konsequent auf die Aufgaben, die ich mir fest vorgenommen habe. ☐ ☐ ☐ ☐

5. Wenn ich mir etwas vorgenommen habe, packe ich es auch an und führe es zu Ende. ☐ ☐ ☐ ☐

6. Wenn ich etwas plane, um meine Ziele zu erreichen, erwäge ich auch die Hindernisse – und die Möglichkeiten, sie zu überwinden. ☐ ☐ ☐ ☐

7. Ich will in meinem Beruf zu den Besten gehören und dafür gebe ich alles. ☐ ☐ ☐ ☐

8. Meine Fehler werte ich als Rückmeldungen, um zu lernen, woran es lag, und um es besser zu machen. ☐ ☐ ☐ ☐

9. Ich fokussiere meine Kräfte auf das, was ich am besten kann und womit ich am meisten bewirke. ☐ ☐ ☐ ☐

10. Ich praktiziere einen »gesunden Egoismus« und kann gut Nein sagen, wenn nötig. ☐ ☐ ☐ ☐

	0	1	2	3

11. Wenn ich mich unter Druck gesetzt oder in die Ecke getrieben fühle, kann ich dennoch klar denken und ebenso mutig wie umsichtig handeln. ☐ ☐ ☐ ☐

12. Neue Herausforderungen kann ich mit Selbstvertrauen und Willensstärke in Angriff nehmen. ☐ ☐ ☐ ☐

13. Widerstände oder Misserfolge bei wichtigen Aufgaben setzen zusätzliche Kräfte in mir frei. ☐ ☐ ☐ ☐

14. Ich kann Nebensächlichkeiten ausblenden und mich auf die Dinge konzentrieren, die ich gerade tue. ☐ ☐ ☐ ☐

15. Wenn ich anspruchsvolle Ziele erreichen möchte, strenge ich mich mehr als gewöhnlich an und fürchte mich nicht vor Aufgabenfülle, Zeit- oder Termindruck. ☐ ☐ ☐ ☐

16. Ich beschäftige mich mit Gedanken an meine Zukunft und lasse Gedanken an nicht erreichte Dinge in der Vergangenheit hinter mir. ☐ ☐ ☐ ☐

17. Am Ende des Arbeitstages habe ich noch genügend Kraft und Energie für private und persönliche Dinge. ☐ ☐ ☐ ☐

	0 1 2 3
18. Ich kann mich überwinden und mich auch unangenehmen oder Angst machenden Situationen stellen.	☐ ☐ ☐ ☐
19. Wenn mehrere Dinge gleichzeitig auf mich einwirken, bleibe ich ruhig und erledige eins nach dem andern.	☐ ☐ ☐ ☐
20. Bei brandeiligen Aufgaben verliere ich nie das Wesentliche aus den Augen und setze mich für beste Qualität ein.	☐ ☐ ☐ ☐

Deine Testauswertung

Nun ermittelst du für die fünf Kategorien *Klarheit, Kraft, Kampfgeist, Konzentration* und *Konsequenz,* wie stark jede Kompetenz bei dir bereits ausgeprägt ist. Zähle dazu in der unten stehenden Auswertungsbox die einzelnen Punkte jeder Kategorie zusammen und anschließend die Gesamtpunktzahl.

Kategorie	Ausprägung	Summe
Klarheit	(1) + (6) + (11) + (16)	
Kraft	(2) + (7) + (12) + (17)	
Kampfgeist	(3) + (8) + (13) + (18)	
Konzentration	(4) + (9) + (14) + (19)	
Konsequenz	(5) + (10) + (15) + (20)	
Gesamtsumme		

Was für ein Tigertyp bist du?

0 bis 25 Punkte: Du bist ein **Papiertiger** mit sehr großem Lernpotenzial. Für dich ist dieses Buch genau richtig, um dir Mut, Motivation und Kraft zu geben. Zeig deine Krallen und entfalte dein volles Potenzial: Mit der Tigerenergie findest du im Dschungel deinen Weg und erreichst, was du dir vornimmst.

26 bis 44 Punkte: Du bist ein **Schmusetiger** mit entsprechendem Entwicklungspotenzial. Du nutzt deine Kräfte und Ressourcen schon in gewissem Maße, hast aber noch einiges an Potenzial, deine Krallen nach ganz oben zu strecken. Dieses Buch hilft dir, mutig deine Komfortzone zu verlassen, um deine Ziele langfristig noch höher setzen zu können.

45 bis 60 Punkte: Du bist ein echter **Powertiger** und hast deine Kräfte und Erfolge voll und ganz im Griff. Dieses Buch wird dich in vielem bestätigen, was du bereits erfolgreich anwendest und umsetzt. So bleibst du im Training. Als Meisterjäger kannst du zudem deine Tigerweisheit weitergeben, um andere in der Kunst des Jagens zu fördern. Die Tiger-Strategie ist genau das richtige Geschenk für deine Freunde, Kollegen, Mitarbeiter, Geschäftspartner und Kunden.

Dein Tigergramm

In dem folgenden Netzdiagramm kannst du nun die Ausprägungen für die einzelnen Schlüsselkompetenzen auf den jeweiligen Achsen markieren und mittels einer umlaufenden Linie verbinden. Wenn du den Innenbereich schraffierst, erhältst du dein persönliches Tigergramm, das dir zeigt, in welchen Bereichen du stark bist und wo noch Entwicklungspotenzial besteht. Bewahre das *Tigergramm* an einem gut sichtbaren Platz auf, damit es dich daran erinnert, was du erreichen willst.

Ich empfehle, den Test noch einmal zu machen, sobald du ausreichend gute Erfahrungen mit der Tiger-Strategie gesammelt hast. Halte das erste Tigergramm einfach gegen das neue und du wirst sehen, wie sich dein Leben verändert hat.

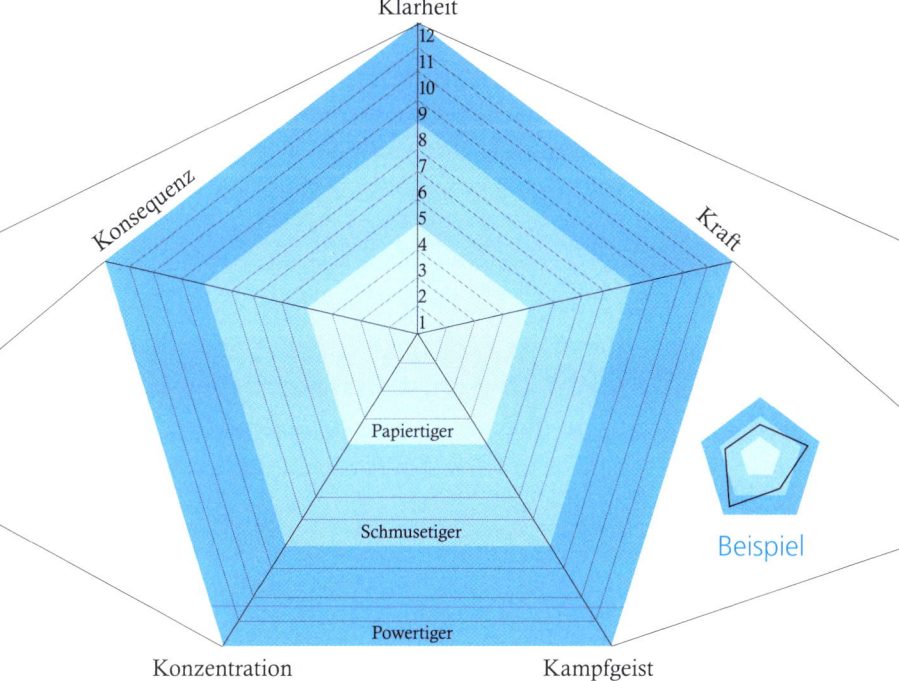

Wer ist wer?

Ravinder ist der erfolgreichste Tiger im Streifgebiet und ein Meister seines Fachs. Wie kein anderer beherrscht er die hohe Kunst des Jagens.

Ravi wäre gern ein Meisterjäger wie sein Vater. Doch ein »Dschungeltrauma« hindert ihn daran, seinen Jagdinstinkt zu entfalten.

Die beiden **Streifenhyänen Zeter** und **Mordio** hausen in Ravinders Revier. Jammernd, klagend und schimpfend hadern sie mit ihrem Schicksal, sich immer mit den Resten begnügen zu müssen, die Ravinder und sein Sohn übrig lassen.

Bal ist ein ambitionierter Tiger, der schon seit vielen Jahren versucht, Ravinder das Revier streitig zu machen. Bisher allerdings vergeblich, was nicht gerade zu seiner guten Stimmung beiträgt.

Amba, eine weise weiße Tigerin, lebt hoch oben in den Bergen, wo sie das geheime Jagdwissen ihrer Ahnen hütet.

Eine flinke und kluge **Fliege** wird Ravis Sparringspartner auf dem Weg zur Meisterschaft.

Ein hungriger **Elefant** erteilt Ravi, ohne es zu ahnen, eine wichtige Lektion.

UMBRUCH:
Von der Höhle
in den Dschungel

Die Mittagssonne drückte die Hitze, einen Vorboten der bevorstehenden Regenzeit, ins Tal herab und durchflutete den Dschungel mit gleißendem Licht. Satt und zufrieden ruhte Ravinder im Schatten des Banyanbaums und träumte von der wasserreichen Jahreszeit, die den trockenen Busch in ein blühendes Paradies verwandelt und einen neuen Lebenszyklus verheißt.

Stille lag in der Luft. Nur ein paar Fliegen surrten auf der Suche nach etwas Essbarem herum. Ab und zu machte es sich eine von ihnen auf Ravinders Rücken bequem. Der stattliche Tiger duldete ihr Treiben, solange sie sich von seiner Schnauze fernhielten. Doch nicht jede Fliege wusste das. Eine erdreistete sich, auf seiner Nase zu landen. Bewegungslos und mit starrem Blick fixierte Ravinder das Insekt eine Weile, bis er unvermittelt aufsprang und mit beiden Pranken blitzschnell danach griff. Kaum lag er wieder, hielt er die Fliege zwischen seinen Vorderpfoten eingesperrt. »Damit auch du es weißt«, knurrte er, »in diesem Revier bin ich der Chef.« Er öffnete die Pfoten einen winzigen Spalt und lugte hinein. »Du kannst hier bleiben. Aber nicht auf meiner Schnauze. Verstanden?«

Die Fliege nickte zittrig.

»Gut so«, bekräftigte er die Abmachung und öffnete die Pfoten. Während die Fliege in Windeseile das Weite suchte, machte es sich der Tiger wieder an seinem angestammten Schlafplatz, einer mit Laub ausgelegten Wurzelmulde, gemütlich. Nach einer anstrengenden Jagdnacht hatte sich Ravinder diese Ruhepause redlich verdient. Jede Nacht durchstreifte er stundenlang sein Revier und kehrte erst zurück, wenn er Beute gemacht hatte. Nicht umsonst wurde der Tiger von den Tieren im Streifgebiet ehrfürchtig *Ravinder der Große* genannt. Sie bewunderten den erfolgreichen Jäger für seine Stärke, seinen Mut und seine Hartnäckigkeit. Ravinder wusste, was er wollte, und tat, was zu tun war. Ohne Umschweife. Kein Weg war ihm zu weit, kein Hindernis zu groß, keine Anstrengung zu viel. Die Legende erzählte, dass er sogar einmal einen Elefantenbullen, der sein Körpergewicht um ein Vielfaches übertraf, in einem stundenlangen Kampf erlegt haben soll. Eine Narbe an seiner rechten Hinterflanke zeugte noch heute davon. Auch seine Artgenossen in den benachbarten Revieren zollten ihm Respekt. Sehr viel Respekt. Es gab keinen Einzigen in der ganzen weiten Gegend, der nicht Reißaus nahm, sobald er die Fährte des mächtigen Tigers kreuzte.

Ravi, der seinen Vater von seinem Ruheplatz aus beobachtet hatte, machte die Vorderpfoten lang und streckte sich. Den ganzen Morgen hatte er damit zugebracht, eine neue Jagdstrategie auszutüfteln. Nach einem herzhaften Gähnen sagte er zu den beiden Streifenhyänen, die neben ihm lagen: »Soll ich euch von meiner Idee erzählen?«

Zeter, die etwas größere Hyäne, hob kurz den Kopf, blinzelte in die Sonne und murmelte gelangweilt: »Hast du schon wieder eine Eingebung, wie du doch noch Meisterjäger werden kannst? Du mit deinen Hirngespinsten. Wenn du jagen willst, musst du in den Dschungel.«

»Was ist denn falsch daran, der Beste sein zu wollen?«, fragte Ravi irritiert.

Die Hyäne setzte sich auf und erwiderte entnervt: »Ich habe noch nie einen Jäger mit Dschungeltrauma gesehen.« Und zu seinem Artgenossen Mordio gewandt fügte er hinzu: »Du?«

Der schüttelte den Kopf und prustete heraus: »Da ist ja jede Streifenhyäne mehr Tiger als Ravi.«

Die beiden brachen in kreischendes Gelächter aus, das Ravinder erneut aus dem Schlaf holte. Mit einem unmissverständlichen Fauchen brachte er die Unruhestifter zum Schweigen und bettete sich wieder auf sein Lager.

Ravi, dem die Lust an einem Gespräch mit seinen spöttischen Gefährten vergangen war, stromerte durchs Gebüsch. »Pfff…«, prustete er. Wieso sollte er nicht das Zeug zum Jäger haben? Er straffte die Muskeln und stieg beherzt ins Gebüsch. Doch kaum schlossen sich die Zweige hinter ihm, hielt er wieder an. »Ist aber dunkel hier«, murmelte er und sah sich zaghaft um. Raus in den Dschungel, das war einfacher gesagt als getan. Durch die Büsche erspähte er Ravinder, dessen Bauchdecke sich gleichmäßig hob und senkte. »Ich muss diese verdammte Angst vor dem Dschungel überwinden«, sprach er sich selbst Mut zu und setzte zögerlich seinen Weg durchs Dickicht fort.

So war das immer: Kaum verließ er den Schlafplatz, um auf die Jagd zu gehen, schwand sein Mut dahin. Dann fand er tausend Gründe, um nicht in den Dschungel zu müssen. Solange er sich entsinnen konnte, hatte er sich nicht weiter als ein paar Hundert Meter vom Banyanbaum entfernt. Nur auf der Lichtung bewegte er sich frei und ungezwungen. Nur an seinem Schlafplatz fühlte er sich sicher. Dort hatte er auch die besten Einfälle, deren Umsetzung jedoch meist scheiterte, weil er sich nicht ohne seinen Vater in die Wildnis wagte.

Als es neben ihm im Unterholz knackte, fuhr er herum. »Ist da wer?«, rief er aus und dachte mit Schrecken an den Wasserbüffel, der ihnen vor ein paar Tagen auf dem Jagdgang am Fluss entwischt war, weil er, statt sich ordentlich anzupirschen, am schlammigen Ufer herumgestakst war und jedes Mal die Pfote abgeschüttelt hatte, sobald er eine aus dem Wasser zog. Als der Dickhäuter dann plötzlich mit weit aufgerissenem Maul direkt auf ihn zugelaufen kam, war er wie erstarrt stehen geblieben.

»Ich weiß nicht, von wem du das hast«, hatte sein Vater geschimpft. »Ein Meisterjäger bleibt in jeder Situation souverän. Er fühlt sich im Wasser so sicher wie an Land.« Dabei war ihm die Enttäuschung über seinen Sohn ins Gesicht geschrieben gewesen.

Ein Meisterjäger bleibt in jeder Situation souverän.

Sich im Wasser wohlfühlen! Das galt vielleicht für andere Tiger, aber nicht für Ravi. Er mochte den Fluss nicht mehr, seit dort auf dem ersten Jagdgang seines Lebens seine Mutter verschwunden war. Die Erinnerung an diesen Tag war immer noch schmerzhaft. Um ihm zu zeigen, wie man sich an seine Beute heranpirscht, hatte sie sich am Ufer auf die Lauer gelegt, als wie aus dem Nichts ein riesiges Krokodil auftauchte. Es kam zum Kampf. Die beiden Tiere wirbelten herum, das Wasser spritzte hoch, mal war seine Mutter oben, mal das Krokodil. Irgendwann hielt Ravi das Zuschauen nicht mehr aus und lief, weil er fürchterliche Angst hatte, so schnell er konnte zum Banyanbaum zurück, um seinen Vater zu Hilfe zu holen. Bis sie zum Fluss zurückkamen, hatten sich die Wogen beruhigt, aber von Ravis Mutter fehlte jede Spur. Tagelang warteten Vater und Sohn am Banyanbaum auf ihre Rückkehr. Doch sie blieb verschollen.

Das war nun schon fast drei Jahre her. Seitdem lebte Ravi bei seinem Vater. Ravinder duldete seinen Sohn eher, als dass er seine Gesellschaft suchte, denn Vaterpflichten standen für einen Tiger eigentlich nicht auf dem Plan. Wäre alles so gelaufen, wie in der Natur vorgesehen, hätte er bei seiner Mutter gelebt, bis es Zeit gewesen wäre, sich ein eigenes Revier zu suchen. Er hätte von ihr gelernt, was er über das Jagen wissen musste. Doch seine Mutter war verschwunden und mit ihr die Chance auf eine gute Ausbildung. Sein Vater nötigte ihn zwar regelmäßig, zur Jagd mitzukommen, war aber schnell mit seiner Geduld am Ende, sobald nicht alles nach Plan lief.

Und es lief immer irgendetwas nicht nach Plan, wenn Ravi dabei war: Mal ließ er sich von einem fetten Wildschwein ablenken, statt sich auf das kleine Blauschaf zu konzentrieren, das zum Greifen nah war. Mal verpasste er einen Sambarhirsch, weil er beim Warten im Gebüsch einnickte und zu spät aus seinem

Hinterhalt sprang. Mal schreckte er, während er auf der Lauer lag, hoch, weil eine Tigerpython an ihm vorbeikroch. Dabei machte er jede Menge Lärm und wirbelte so viel Staub auf, dass die friedlich grasenden Beutetiere panisch das Weite suchten.

»Warum ist das alles so schwer?«, seufzte Ravi resigniert und kämpfte sich durch den Dschungel. Als er das Schnarchen seines Vaters kaum noch hörte, blieb er jählings stehen. Was, wenn er sich jetzt verliefe? Dann würde er elend verhungern, weil er nicht in der Lage war, sich zu ernähren. »Nein, ich kann nicht …« Er drehte sich ruckartig um und rannte, so schnell ihn seine Pfoten trugen, zum Banyan zurück.

»Schon wieder da, Meisterjäger?«, bellte Zeter und lachte spöttisch.

Wortlos verkroch sich Ravi in seinem Lieblingsversteck, einem Erdloch hinter dem Baum, das durch eine dicke Wurzel fast verdeckt war. Dorthin zog er sich immer zurück, wenn er seine Ruhe haben wollte. Mit einer Pfote schob er das Laub zurecht und rollte sich ganz klein zusammen. Für heute hatte er genug vom Dschungel und von den Hyänen und auch von seinem Traum, ein Meisterjäger zu sein.

Ravinder, der den Alleingang aus den Augenwinkeln verfolgt hatte, konnte nicht fassen, wie er zu diesem Sohn gekommen war. Er entstammte einer langen Linie erfolgreicher Jäger und war selbst ein Meister seines Fachs. Das Jagen lag ihm im Blut. »Wer sich in den Dschungel wagt, wird mit Beute belohnt« – dieser Leitsatz trieb ihn wie schon seine Ahnen und Urahnen jeden Tag aufs Neue zur Jagd an. Warum stellte sich ausgerechnet sein Sohn so an? Als Ravi auf die Welt gekommen war, war er guter Dinge gewesen, weil er für den erfolgreichen Fortbestand seiner Linie gesorgt hatte.

Doch nun, seit Ravi ein ausgewachsener Tiger war, musste er sich eingestehen, dass sein Stammhalter beim Jagen nicht den

Ehrgeiz und das Geschick des Vaters an den Tag legte. Und vor allem nicht dessen Mut. Ravinder war ratlos. An manchen Tagen hielt er seinen Sohn für arbeitsscheu, an anderen für bequem. Um ihn zu ändern, versuchte er unermüdlich und mit Nachdruck, ihn zum Jagen zu bewegen. Doch Ravi büxte regelmäßig aus und verkroch sich in seinem Erdloch. Das war aber längst nicht das Schlimmste. Für einen erwachsenen Tiger hatte er jede Menge Flausen im Kopf. Anstatt zu jagen, wie es sich gehörte, ließ er sich immer wieder groteske Ideen einfallen, um nur ja nicht in den Dschungel zu müssen. Dabei wäre es wirklich allerhöchste Zeit für seinen Sohn gewesen, auf Wanderschaft zu gehen und sich ein eigenes Revier zu suchen. Wie sollte er je ein Terrain finden und es gegen Eindringlinge verteidigen, wenn er sich noch nicht einmal dazu bewegen ließ, fortzugehen?

Das Geschrei der Goldlanguren, die vergnügt in der dichten Krone des Banyans herumhüpften und von Ast zu Ast kletterten, holte Ravinder in den Alltag zurück. Als er hochsah, hangelte sich gerade eines der kleinen Äffchen über ihm an einem Ast entlang. Es griff mit einer Hand nach einem saftigen Blatt, während es sich mit der anderen festhielt. Der Tiger brauste auf, sodass der Quälgeist kreischend zu seiner Horde in die Baumkrone floh.

Als die untergehende Sonne den Horizont berührte, erhob sich Ravinder. Es war Zeit für die Jagd. Um richtig wach zu werden, schüttelte er sich lautstark und streckte sich. Dann wanderte er gemächlich zum Schlafplatz seines Sohnes.

Ravi, der seinen Vater verstohlen beobachtet hatte, seufzte tief. Was hatte Ravinder, was er nicht hatte? Wenn er selbst die Affen anfauchte, turnten sie, ohne weiter Notiz von ihm zu nehmen, vergnügt um ihn herum. Aber sobald sein Vater auftauchte, machten sie sich aus dem Staub. Um ihm nicht unter die Augen zu kommen, huschte er in sein Loch zurück.

Wer sich in den Dschungel wagt,
wird mit Beute belohnt.

»Komm raus«, rief Ravinder, der gerade noch den Schwanz seines Sohnes gesehen hatte. »Der Dschungel wartet. Ich habe Hunger.«

»Ich gehe heute nicht mit«, antwortete Ravi so beiläufig wie möglich.

»Verschwendest du deine Zeit schon wieder an eine deiner seltsamen Erfindungen?« Der Ärger in Ravinders Stimme war nicht zu überhören.

»Mmmm…«, säuselte Ravi in der Hoffnung, seinen Vater milde zu stimmen. »Jetzt komm endlich raus! Einen Tiger muss man nicht zum Jagen tragen. Komm jetzt!«

»Es ist doch viel zu heiß zum Jagen. Warten wir lieber, bis der große Regen kommt.«

Da keine Reaktion mehr aus dem Erdloch kam, drehte Ravinder kopfschüttelnd und, ohne ein weiteres Wort an seinen Sohn zu verlieren, ab. Bevor er im Wald verschwand, fauchte er Zeter und Mordio an: »Wenn ich wiederkomme, ist das Aas von gestern weg und der Platz hier sauber.«

Mit eingezogenem Schwanz machten sich die beiden Hyänen an die Arbeit.

»Wir müssen die Reste wegputzen, bevor Ravinder mit neuer Beute kommt«, schimpfte Zeter und kaute auf einem abgenagten Knochen herum.

»Ich hab auch schon mal besser gefressen«, beschwerte sich Mordio. »Ich weiß gar nicht, warum wir uns das antun. Für uns fällt ja doch bloß immer ab, was die anderen übrig lassen.«

»Und du gehst noch nicht mal selber jagen«, knurrte Zeter zähnefletschend und sah Ravi, der gerade aus seinem Erdloch geklettert kam, so böse an, dass der junge Tiger zurückwich. »Eigentlich müsstest du unseren Job übernehmen.« Dann machten sie sich wieder an die Arbeit, ohne Ravi weitere Aufmerksamkeit zu schenken.

So war das jedes Mal, dachte Ravi, wenn den beiden etwas nicht passte. Am Ende war immer er schuld. Aber sie würden sich noch umschauen. Denn irgendwann würde er als großer Erfinder in die Tigerannalen eingehen.

Um wieder Beachtung zu finden, warf er in die Runde: »Ich hätte da eine Idee, wie man ohne viel Aufwand jagen könnte. Und zwar ohne kilometerweit umherzustreifen oder stundenlang auf der Lauer zu liegen.«

Die beiden Hyänen rollten nur mit den Augen und machten sich wieder glucksend über die Reste her.

»Mit einer Grube«, fuhr Ravi unbeirrt fort. »Man gräbt ein tiefes Loch, deckt es mit Ästen und Laub zu, lockt das Wild dorthin und – wumms – fällt es hinein.«

»Wo kämen wir denn da hin, wenn jeder jagt, wie er will?«, brachte Zeter schmatzend hervor. Und Mordio bellte: »Das funktioniert nie und nimmer. Mit dieser Schnapsidee wirst du dein Dschungeltrauma auch nicht los …«

Mit hängenden Schultern seufzte Ravi: »Warum kann ich nicht machen, was ich will?«

»Ich weiß auch nicht, was bei dir schiefgelaufen ist«, unterbrach ihn Zeter. »Du scheinst nichts von Ravinders Talent geerbt zu haben.«

So weit war es mit ihm gekommen: Zwei Streifenhyänen machten sich über ihn, einen Tiger, lustig. Wie gut, dass sein Vater nicht da war. Sonst wäre es wieder zum Streit gekommen, weil er sich nicht genug Respekt verschaffte. Er musste etwas unternehmen, damit sein Vater und die Hyänen ihn endlich ernst nahmen. Vielleicht war die Idee mit der Grube ja ein Schritt in die richtige Richtung. Wo stand geschrieben, dass ein Tiger einer bestimmten Jagdstrategie folgen musste?

Da die Hyänen mittlerweile wieder voll und ganz mit den Putzarbeiten beschäftigt waren, trollte sich Ravi zu einer kleinen Lichtung in der Nähe des Banyans, wo er oft insgeheim übte, wie sein Vater zu jagen. Meist pirschte er sich lautlos im Gebüsch bis auf zehn Meter an seine Beute, einen umgestürzten Baumstamm, heran, sprang mit einem Satz aus seinem Hinterhalt und schlug die Zähne in das Holz, das er mit den Vorderpfoten umklammert hielt. Mit dem Baumstamm klappte es immer. Diese Lichtung war perfekt für sein Experiment: nah genug und groß genug. Er schob den Stumpf zur Seite und fing an zu graben. Es staubte, als er seine Krallen in die Erde schlug, weil es schon so lange nicht mehr geregnet hatte. Hustend machte er weiter und scharrte die halbe Nacht ohne Unterlass, bis er ein tiefes Loch gegraben hatte und ihm so heiß war, dass er mit hängender Zunge eine Pause machen musste. »Es fehlt nicht mehr viel«, motivierte er sich nach Luft hechelnd, während er sein Werk betrachtete, »und ein ganzer Elefant hat hier Platz.« Kaum hatte er sich wieder an die Arbeit gemacht, hörte er, wie oben jemand seinen Namen brüllte. Auch wenn er nicht sehen konnte, wer gekommen war, erkannte er die Stimme seines Vaters. »Hiiiier«, rief er von unten.

Ravinder tastete sich langsam an den Grubenrand heran und fauchte, als er den frischen Haufen Erde entdeckte: »Was soll das werden?«

»Eine Fallgrube.« Er blickte auf die Arbeit der vergangenen Stunden und fügte nicht ohne Stolz hinzu: »Ab jetzt müssen wir nicht mehr ewig durch den Dschungel streifen, um Beute zu machen. Wir können einfach hier sitzen und warten.«

»Und wie soll das funktionieren?« Ravinder warf einen grimmigen Blick zu seinem Sohn hinunter.

»Na, ganz einfach. Du lockst das Wild zur Grube und es fällt hinein.«

Die Nackenhaare des Tigers stellten sich auf. Ärgerlich brüllte er: »So einen Unsinn habe ich selten gehört. Du lässt dir alles Mögliche einfallen, nur um nicht auf die Jagd zu müssen. Komm sofort da raus!«

»Aber … ich …«

»Keine Widerrede«, fuhr ihm Ravinder ins Wort.

Bei dem Versuch, nach oben zu klettern, rutschte Ravi immer wieder in der lockeren Erde ab. Nach ein paar vergeblichen Versuchen rief er kläglich: »Ich schaff das nicht.«

»Wer Luftschlösser baut, schaufelt sich schnell sein eigenes Grab. Wieso hast du dir nicht vorher überlegt, wie du wieder herauskommst?«, fauchte Ravinder und lief, ohne eine Antwort abzuwarten, weg.

»Hallo? Hilfe!«, rief Ravi panisch, als er merkte, dass sein Vater sich entfernte. Er würde ihn doch nicht einfach zurücklassen? Die Augen auf den Boden geheftet, durchforstete Ravinder das umliegende Gebüsch, bis er gefunden hatte, was er suchte: eine Liane. Mit aller Kraft zog und zerrte er daran, um sie aus dem Gewirr an Ästen zu lösen. Das Gewächs im Maul, kehrte er zum Grubenrand zurück und ließ es hinunter.

»Beiß dich daran fest, dann zieh ich dich rauf.«

Dem Geretteten fiel ein Stein vom Herzen, als er seinen Vater am Grubenrand erblickte. Der hingegen hätte die Liane am liebsten mitsamt dem Taugenichts wieder fallen lassen.

»Was hast du dir nur dabei gedacht?«, donnerte er, als die Rettungsaktion beendet war.

»Ich hatte doch nur gehofft …«

»Papperlapapp! So jagt kein Tiger!«, schimpfte Ravinder.

»Aber warum nicht?«, entgegnete Ravi entmutigt. »Was ist verkehrt an der Grube?«

»Du willst bloß bequem warten, bis dir die Beute in den Schoß fällt. Wegen dieser Spinnerei haben wir wertvolle Jagdzeit vergeudet.« Aufgebracht trabte er davon. Als er merkte, dass sein Sohn nicht folgte, blieb er stehen und fauchte: »Hör auf zu hoffen und geh in den Dschungel. Ein Tiger genießt das Glück des Jagens. Das allein ist wichtig, wenn du Erfolg haben willst.«

Den ganzen nächsten Tag herrschte trotz der tropischen Temperaturen eisiges Schweigen unter dem Banyanbaum. Ravinder döste in seiner Wurzelmulde und setzte sich erst am frühen Abend, als eine leichte Brise aufkam, gähnend auf, um sich etwas Kühlung zu verschaffen. Während er sich die Pfoten leckte, fiel ihm der Vorfall mit der Grube wieder ein. Der Ärger über Ravi stieg erneut in ihm hoch. Er kämpfte sich jede Nacht durch den Dschungel, während sein Sohn sinnlos in der Erde buddelte. Es war höchste Zeit, zu härteren Maßnahmen zu greifen. Ein Tiger durfte seine Kräfte nicht so vergeuden. Ravinder schlug mit der Pranke auf die Wurzel, die sein Lager umgab, und marschierte dann entschlossen zum Erdloch.

Die Hyänen, die in einem Gebüsch geschlafen hatten, schauten neugierig hoch. »Na endlich«, sagte Mordio leise. »Ich hatte schon gedacht, hier wird gar nicht mehr gejagt.«

»Raus mit dir! Zeit für die Arbeit«, brüllte Ravinder, kaum stand er vor dem Schlafplatz seines Sohnes.

»Jetzt kriegt der Kleine eins auf die Zwölf«, flüsterte Zeter.

Ravi drückte sich in den hintersten Winkel des Erdlochs. Wahrscheinlich hatte Ravinder recht, dachte er, er war zu nichts zu gebrauchen und eine Schande für seine Ahnen. Ohne seinen Vater war er im Dschungel aufgeschmissen. Er schwieg und beschloss, nie mehr aus seinem Schlupfwinkel herauszukommen.

»Komm jetzt da raus!« Ungeduldig fuhr Ravinder mit der Pfote ins Erdloch.

»Seine Zeit ist wohl auch langsam vorbei«, flüsterte Zeter seinem Gefährten zu. »Wenn das mein Revier wäre«, antwortete Mordio, »würde ich andere Seiten aufziehen.« Und in Ravinders Richtung rief er: »Ist er nicht da? Bestimmt jagt er wieder unterirdisch.« Dabei konnte er nur mit Mühe ein Kichern unterdrücken.

Ravinder ignorierte die freche Bemerkung und fauchte im Weggehen: »Wer sich nicht bewegt, wird bewegt werden. Ein letztes Mal: Entweder du kommst jetzt mit oder du besorgst dir ab jetzt dein Fressen selbst.«

»Der Gute wird langsam alt«, murmelte Mordio und legte sich wieder hin. »Ich hoffe nur, dass wir noch satt werden von dem, was er nach Hause bringt.«

Mitten in der Nacht durchbrach ein Schuss die Ruhe am Banyan.

Fluchtartig krabbelte Ravi aus seiner Schlafstätte und lief nervös um den Baum. Wo war sein Vater? Warum war er noch nicht von der Jagd zurück? Die Hyänen standen hysterisch bellend am Trampelpfad, der in den schwarzen Dschungel führte.

»Wollt … wollt ihr nicht mal nachsehen?«, schlug Ravi zögernd vor.

Zeter und Mordio rannten los, während Ravi auf der Wiese hin- und hertigerte. Ab und zu blieb er stehen und spitzte die Ohren. Das Schnaufen und Hecheln der Hyänen war noch ganz leise zu hören. Offenbar hatten sie Witterung aufgenommen.

»Hier geht's lang«, rief Zeter, als sie ein paar Minuten gelaufen waren.

Mordio blieb abrupt stehen und reckte die Nase in die Luft: »Er kann nicht mehr weit weg sein.« Er schnupperte und sagte: »Riechst du das?«

Zeter streckte ebenfalls die Nase hoch: »Menschen.«

Auf leisen Pfoten schlichen die beiden Hyänen durchs Unterholz, bis sich der Wald lichtete und den Blick auf eine große Wiese freigab. Die beiden krabbelten flach auf dem Boden weiter und bezogen am Waldrand hinter einem dichten Gebüsch Stellung.

»Die Spritze lässt bald nach. Verfrachtet das Vieh endlich in den Wagen.«

Hör auf zu hoffen und geh in den Dschungel.

Drei Männer, die gerade Vorder- und Hinterläufe eines betäubten Tiers zusammengebunden hatten, zerrten seinen leblosen Körper eine Rampe hinauf in einen vergitterten Wagen.

»Der wiegt mindestens zweihundert Kilo«, stöhnte einer und wischte sich mit der Schulter ein paar Schweißtropfen von der Schläfe.

»Ich hoffe bloß, dass er nicht aufwacht, bevor er im Käfig ist«, sagte derjenige, der auf der Rampe stand und dem Kopf am nächsten war. »Diese Reißzähne möchte ich nicht in meinem Arm haben.«

Sie zogen und schoben, bis das Tier in dem mit Stroh ausgelegten Wagen lag. Sein Körper zuckte ein wenig, weshalb die Männer so schnell wie möglich das fahrbare Gefängnis verließen.

»Puh, das war knapp«, rief der Mann, der die Tür verschloss, seinen Kumpanen zu. Als er abgesperrt hatte, flüsterte er durch die Gitterstäbe: »Na, du Biest, du wirst ein schönes Sümmchen einbringen.«

Das Tier versuchte wiederholt, sich aufzurichten, aber seine Beine knickten immer wieder weg.

»Ravinder …«, entfuhr es Zeter.

»Psst! Willst du, dass sie uns auch noch erwischen?«, flüsterte Mordio. »Wir müssen hier weg. Und zwar schnell.«

»Die Hyänen …«, stöhnte Ravinder, als ihm ihr Geruch in die Nase stieg. Benommen hob er den Kopf und versuchte unter größter Anstrengung, sich aufzurappeln. Als er endlich stand, taumelte er gegen das Gitter und brüllte mit letzter Kraft: »Aaaaauuooogh … Amba.« Dann sank er in sich zusammen.

Wie ein Lauffeuer sprach sich Ravinders Gefangennahme im Streifgebiet herum. Kurz nachdem die Hyänen zurückgekehrt waren und berichtet hatten, was vorgefallen war, tauchten bereits die ersten Schaulustigen auf. Ihre Augen blitzten aus dem Wald, der den Banaynbaum umgab.

»Du musst etwas unternehmen, Ravi.« Zeter und Mordio liefen nervös um den Banyanbaum.

»Keine Sorge«, versuchte Ravi die beiden zu beschwichtigen. »Mein Vater kommt schon wieder.«

»Du Träumer, hast du es noch nicht kapiert? Sie haben ihn mitgenommen«, schrie Zeter aufgebracht und schnappte nach Luft. »Es wird nicht lang dauern, bis einer der Nachbartiger das Revier beansprucht.«

»Wahrscheinlich liegt Bal schon auf der Lauer!«, bellte Mordio.

Ravis Tasthaare begannen zu zittern. Bal war Ravinders größter Konkurrent. Mehr als einmal hatte er versucht, ihm das Revier streitig zu machen. Sein Vater hatte ihn jedoch jedes Mal – ohne zu kämpfen, bloß auf den Hinterbeinen stehend, zu voller Größe aufgerichtet und mit einem mächtigen Brüllen – in seine Schranken verwiesen.

Ravis Maul war ganz trocken. Er hatte ein ernsthaftes Problem. Wie sollte er in Tatzenspuren treten, die derartig groß waren? Wie seinen Platz einnehmen? Und das Revier verteidigen? Hatte er doch weder die Erfahrung seines Vaters noch seinen Mut.

»Ich weiß nicht, was aus uns werden soll«, jammerte Zeter und ließ sich niedergeschlagen in Ravinders Schlafmulde nieder. Mordio folgte seinem Beispiel.

»Raus da«, fauchte Ravi.

Die Hyänen blieben liegen.

Sein Vater hätte dieses Verhalten niemals geduldet. Unschlüssig kaute Ravi an seinen Krallen herum, weil er nicht wusste, was er dagegen hätte unternehmen sollen. »Raus da«, wiederholte er halbherzig.

»Eines verstehe ich noch nicht«, überlegte Mordio, als er endlich eine bequeme Position gefunden hatte. »Was hat Ravinder bloß mit Amba gemeint?«

»Keine Ahnung«, entgegnete Zeter und gähnte.

Während die beiden über Ravinders geheimnisvolles letztes Wort rätselten, verzog sich Ravi in sein Erdloch, um in Ruhe nachzudenken. Denn im Gegensatz zu den Hyänen hatte er die Botschaft seines Vaters sehr genau verstanden.

Die Sonne war längst untergegangen, als ein kratzendes Geräusch den Tiger aus seinem Versteck lockte. Er spähte durch den Spalt zwischen Baumstamm und Erde und was er sah, gefiel ihm gar nicht. Nur wenige Meter vom Erdloch entfernt lehnte Bal aufrecht am Banyan, ließ seine Muskeln spielen und schlug die Krallen seiner Vorderpfoten in den Stamm. In dieser Position war die Wildkatze, die sich da gerade anschickte, das Revier zu markieren, über zwei Meter groß. Die Hyänen strichen mit eingezogenem Schwanz um den Eindringling herum.

»Was glotzt ihr so blöd?«, fauchte Bal.

Zeter blieb stehen, sah zur Seite und kicherte verlegen. Mordio legte sich auf den Rücken und strampelte mit seinen Pfoten, bis ihn Zeter verstohlen mit der Hinterpfote anrempelte.

»Hat es euch die Sprache verschlagen?«

Jetzt bloß kein Blickkontakt, dachte Zeter und schnüffelte linkisch am Boden herum.

»Auch gut«, sagte Bal und verpasste dem Ast über ihm eine Kratzspur. »Eure Tage hier sind ohnehin gezählt.« Er sank auf seine Pfoten zurück und stolzierte zur Wurzelmulde. Kaum saß er auf Ravinders Schlafplatz, kam auch schon Mordio, schnüffelte am Fell des Tigers und rieb vorsichtig seinen Kopf daran. Der Tiger bewegte entnervt das Hinterteil und schubste die Hyäne weg. »Ab jetzt brechen hier andere Zeiten an.«

»Aber das Revier ist besetzt!«, entfuhr es Zeter. Schon im nächsten Moment bereute er seine Bemerkung und zog beschwichtigend den Kopf ein. Bal verpasste der vorlauten Hyäne einen Tatzenhieb, der sie zu Boden warf. Dann legte er eine Pranke auf ihren Hals und sagte: »Was soll das heißen?«

»Na ja«, würgte Zeter nach Luft ringend heraus, »Ravinders Sohn …«

»Wo ist er?« Bal ließ seine Kehle los. »Führ mich zu ihm.«

Hysterisch bellten Zeter und Mordio ins Erdloch, während Bal mit geschwellter Brust ungeduldig davor auf- und ablief. Aggression lag in der Luft. Als nichts passierte, platzte dem Tiger der Kragen. »Aaaauuuuggh!«, brüllte er. »Komm raus, du Feigling! Verteidige dein Revier, wie es sich für einen anständigen Tiger gehört.«

Keine Reaktion.

»Wie du willst«, donnerte der Rivale. »In fünf Tagen, wenn der Mond die Krone des Banyans berührt, komme ich zurück und fordere dich zur Wettjagd. Wer bis zum ersten Sonnenstrahl die meiste Beute gemacht hat, ist Chef über dieses Revier. Der Verlierer verschwindet. Für immer.«

Er prustete ein letztes Mal ins Erdloch und setzte sich dann mit mächtigem Gebrüll in Bewegung. »Dein Vater war ein harter Brocken, er hat sein Revier wie seine Vorväter mit Zähnen und Klauen verteidigt«, knurrte er kaum hörbar im Weggehen. »Aber du, mein Freund, dich fress ich zum Frühstück.« Um seine Ansprüche klar und deutlich zum Ausdruck zu bringen, hob er den Schwanz und setzte ein paar Duftmarken am Stamm des Banyans, bevor er im Dickicht verschwand.

»Warum unternimmst du nichts?«, jaulte Mordio ins Erdloch, kaum waren sie wieder allein.

»Genau«, blaffte Zeter, »du bist doch der Tiger!« Er fegte ein paar Steine ins Erdloch. »Was soll nur aus uns werden?«

Die halbe Nacht über grübelte Ravi in seinem Versteck darüber, wie er sich aus seiner misslichen Lage befreien konnte. Doch es wollte ihm einfach kein Ausweg in den Sinn kommen. Mit Wehmut dachte er zurück an die Zeit, bevor sein Vater verschwunden war. Sein Leben war so angenehm gewesen. Er liebte den Banyanbaum und tat nichts lieber, als mit sattem Bauch in der Sonne zu dösen und sich auszumalen, was die Zukunft noch alles für ihn bereithielt. Selbst sein Vater, der ihm immer Druck gemacht hatte, und die Hyänen, die nur selten ein gutes Haar an ihm ließen, kamen ihm auf einmal nicht mehr so schlimm vor. Natürlich wäre er gern ein Meisterjäger gewesen. Aber vielleicht war dieser Traum einfach zu hoch gegriffen. Außer seinem Vater kannte er keinen, der es zu wahrer Meisterschaft gebracht hatte. Warum sollte das dann ausgerechnet ihm gelingen?

Und jetzt, wo ihm ein zähnefletschender Tiger und zwei wild gewordene Hyänen auf den Fersen waren, war es sowieso zu spät. Er war allein und es gab keinen, der ihm hätte zeigen können, wie man richtig jagt. Sein Magen knurrte unüberhörbar. Entmutigt rollte er sich zusammen. Wie würde er ohne seinen Vater an etwas zu fressen kommen? Ravinder hätte nicht lang gefackelt, sondern die nötigen Schritte unternommen. Ein Tiger sorgt selbst für seine Beute, hatte er ihm oft genug gepredigt. Er hätte Bal aus dem Revier geworfen und wäre danach auf die Jagd gegangen. »Aber wie?«, fragte Ravi ins Leere. Weil er seine Mutter so früh verloren hatte, war sein natürlicher Jagdtrieb nie geschult worden. Er hatte weder gelernt anzugreifen noch sich zu verteidigen. Seine Lage war aussichtslos.

Oder vielleicht doch nicht? Er rief sich noch einmal in Erinnerung, was die Hyänen nach der Gefangennahme seines Vaters erzählt hatten. »Amba«, wiederholte er leise Ravinders letzte Botschaft. Wie oft hatte er als Junge in Mußestunden

Ein Tiger sorgt
selbst für seine Beute.

unter dem Banyanbaum den Geschichten seines Vaters über die weise weiße Tigerin gelauscht. »Amba hütet seit Generationen hoch oben in den Bergen das geheime Jagdwissen unserer Tigerdynastie«, hatte er erzählt. »Wenn du einmal ein Problem hast«, wurde er dabei nie müde zu wiederholen, »dann folge dem Lauf des Flusses nach oben, bis du sie findest.«

Ausharren oder aufbrechen? Dableiben und sich geschlagen geben? Oder in den Bergen von der weisen Amba die hohe Kunst des Jagens erlernen, um das Revier zu verteidigen? Im Erdloch kauernd verhandelte der verunsicherte Tiger mit sich selbst und sammelte jede Menge Gründe, die sein Bleiben rechtfertigten: »Fünf Tage sind viel zu knapp, um das Jagen zu lernen, noch dazu von einer alten Tigerin, die seit ewigen Zeiten nicht mehr im Dschungel war … Wer brauchte schon so viel Platz? … Vielleicht lässt sich ja mit Bal verhandeln und wir können das Revier aufteilen … Soll er doch der Chef sein. Mir bedeutet das nichts …« Stunde um Stunde suchte er fieberhaft nach neuen Ausflüchten, um nicht in die Berge aufbrechen zu müssen. Vielleicht kehrte Ravinder ja in ein paar Tagen unversehrt zurück? Oder die Hyänen würden Bal ver…? Nein, das war eine schlechte Idee. Egal, wie er es drehte und wendete, es schien, als hätte er nur die Wahl zwischen Tollwut und Tigerschnupfen. Verlor er die Wettjagd oder duldete er Bals Herrschaft widerstandslos, war er nicht nur das Revier los, er bekam auch nichts mehr zwischen die Zähne. Der skrupellose Tiger würde wohl kaum für ihn mitjagen. Wollte er sein altes Leben wieder zurück haben, war er gezungen, etwas zu tun. Das war er nicht zuletzt auch seinem Vater schuldig. »Ich bin doch ein Tiger!«, fauchte er und erschrak über seine eigene Heftigkeit. Vielleicht war Amba tatsächlich die Lösung. Wenn sie ihm zeigte, wie man jagte, konnte er die Wettjagd vielleicht gewinnen. Sonst hätte ihn Ravinder doch nicht bis in die Berge geschickt. Mit neuem Mut setzte er eine Pfote nach draußen, nur um sie gleich darauf wieder zurückzuziehen. »Halt, halt, nicht so schnell. Warte … Das will gut überlegt sein«, ermahnte er sich selbst. Da draußen im Dschungel war es gefährlich. »Du hast nichts zu verlieren – außer Zeit«, hörte er im Geiste die Stimme seines Vaters. Er konnte nicht ewig im Erdloch sitzen, bloß weil er sich Bal nicht gewachsen fühlte. In fünf Tagen lief das Ultimatum ab. Wollte er das Revier verteidigen, blieb nur ein Ausweg: Er musste sich auf die Suche nach Amba machen, auch wenn er keine Ahnung hatte, wie er sie finden sollte.

Als die dunkelste Nacht vorüber war, streckte Ravi vorsichtig den Kopf nach draußen. Wie immer um diese Stunde herrschte Stille im Dschungel. Die meisten Tiere hatten bis tief in die Nacht gejagt und schliefen nun. Er konnte ihr Schnarchen hören. Doch mit dem ersten Morgengesang der Vögel würde wieder Leben in den Urwald kommen. Zaghaft kroch er aus seinem Versteck und streckte seine steifen Glieder.

»Du machst dich aus dem Staub?«

Erschrocken fuhr er herum.

»Angsthase«, raunte die Stimme.

Diesen Ausdruck kannte nur einer für ihn. Im fahlen Morgenlicht erkannte er Zeter, die Hyäne mit der spärlich gestreiften Maserung.

»Lass mich in Frieden.«

»Wo willst du denn um diese Zeit hin?«

»Ich … ich geh in die Berge …«

»Duuu?«, jaulte Zeter. »Gaaanz allein durch die Wildnis? Dass ich nicht lache!« Die Hyäne bekräftigte ihre Worte mit einem schrillen Bellen. »Bist du ganz sicher, dass du das schaffst?« Sie schüttelte sich vor Lachen.

Mordio, der friedlich in der Schlafmulde geschnarcht hatte, blickte sich fahrig um. »Was ist los?«, murmelte er noch ganz

**Du hast nichts zu verlieren –
außer Zeit.**

benommen und drehte sich, als er merkte, dass keine Gefahr drohte, gähnend wieder um.

Ravi blieb unschlüssig stehen. Wahrscheinlich hatte Zeter recht. Er war ein Feigling. Schon jetzt schlug ihm das Herz bis zum Hals, dabei war er noch gar nicht losgelaufen. Wie sollte er es da jemals bis in die Berge schaffen?

»Was bleibt mir anderes übrig?«, seufzte er mit hängenden Schultern. »Diese Wettjagd gewinne ich doch nie.«

»Das ist wohl wahr«, entgegnete Zeter und verlor noch im Sprechen das Interesse. Bei diesem Versager war nichts mehr zu holen, er würde das Revier niemals verteidigen. Wahrscheinlich war es für alle besser, wenn er aufgab. Schlaftrunken tappte er zu Ravinders Wurzelmulde zurück, wo er sich neben Mordio legte, der bereits wieder friedlich schlief. »Na denn …«, rief er, als ihm klar wurde, dass er den Tiger vielleicht nie mehr wiedersehen würde. »Reisende soll man nicht aufhalten.« Er machte die Augen zu und innerhalb von Sekunden schnarchte er mit Mordio im Duett.

Ravi lief und lief, bis die Sonne hoch am Himmel stand und ihm die stickige Hitze des Tages zusetzte. Mit hängender Zunge machte er im Schutz eines Busches halt. Wenn doch endlich der große Regen käme, dachte er, das würde ein wenig Abkühlung bringen. Außerdem wäre er dann ganz allein un- terwegs, da die meisten Tiere keine Pfote vor ihren Schlafplatz setzten, sobald der Himmel weinte. Doch er hatte keine Zeit, um sich auszuruhen. Schwer schnaufend lief er den schmalen Trampelpfad entlang, der durch den Dschungel führte. Immer wieder sah er sich um, ob ihm auch niemand folgte. Das letzte Mal, als er hier unterwegs war, wollte ihm sein Vater einen besonders beutereichen Teil des Reviers am Fuß der Berge zeigen. Er blieb kurz stehen und schüttelte sich, weil er diese Nacht in schlechter Erinnerung hatte. Damals war er Ravinder eher widerwillig hinterhergetrottet, bis sie am Fuß der Berge angelangt waren und sein Vater unvermittelt stehen blieb.

»Ab hier jagst du allein weiter. Da oben gibt es ein paar Wasserbecken, an denen viele Beutetiere haltmachen.«

»Ich soll da hoch?« Er blickte den Hang hinauf. Um seinen Vater umzustimmen, strich er sanft seinen Kopf an dessen Flanke entlang. »Ganz allein? So weit weg vom Banyan?«

Doch alles Bitten half nichts. Sein Vater ließ sich nicht erweichen, sondern kletterte die Böschung hinauf. »Vertrau deinem Jagdinstinkt und du findest deinen Weg«, rief er ihm aufmunternd zu, bevor er zwischen den Bäumen verschwand.

Mit weit aufgerissenen Augen blickte Ravi seinem Vater nach. Als er sich vom ersten Schreck erholt hatte, drehte er sich ein paarmal im Kreis und jagte seinen Schwanz. Das tat er oft, wenn er nicht weiterwusste. Doch diesmal half es nichts. Er hielt die Nase in den Wind. Der Geruch seinen Vaters war noch wahrzunehmen. Wahrscheinlich befand er sich noch ganz in der Nähe. Aber wo? Schnüffelnd verfolgte er Ravinders Spur und wäre fast mit dem Geröll, das er lostrat, abgerutscht. Nach ein paar Hundert Metern entdeckte er das gestreifte Fell im Wald. Noch nie war er so froh gewesen, einem anderen Tiger zu begegnen. Den restlichen Tag klebte er seinem Vater an den Fersen.

Nun war er wieder unterwegs auf dem Pfad in die Berge – diesmal allerdings ganz allein. Die Angst durchströmte ihn bis in die Spitzen seiner zitternden Tasthaare. Er konnte nicht jagen, sich nicht verteidigen und hatte schon gar nicht das Zeug zum Abenteurer. Zaghaft setzte er eine Pfote um die andere auf den weichen Waldboden. Er stieg über Äste, Zweige und loses Laub. Jedes kleinste Geräusch ließ ihn zusammenzucken. Ab und zu raschelte es im Gebüsch. Dann beschleunigte er seinen Schritt, weil ihm war, als würde er beobachtet. Erleichterung machte sich breit, als er endlich den Fluss erreichte. Froh darüber, dass die

Vertrau deinem
Jagdinstinkt und du
findest deinen Weg.

Regenzeit doch noch nicht eingesetzt hatte, rannte er, so schnell ihn seine Beine trugen, im ausgetrockneten Flussbett weiter, bis er zu den Becken gelangte, wo es so viele Beutetiere geben sollte. Er blickte sich um, konnte aber kein anderes Tier entdecken. Er war mutterseelenallein hier oben. Um seinen Durst zu stillen, leckte er etwas Wasser und streckte dann die Pfoten hinein, die von dem langen Marsch schon ganz wund waren. Nach einer kurzen Rast setzte er seinen Weg nach oben neben dem Flussbett fort, damit er nicht durchs Wasser waten musste. Als der Pfad nach einigen Kilometern zu schmal wurde, drehte er ab und lief im Wald weiter. Die tropische Wärme des Dschungels war mittlerweile einer empfindlichen Kälte gewichen. Ein eisiger Wind pfiff durch die Bäume. Sobald die Hitze der Anstrengung nachließ, würde er frieren, weil sein Fell nicht dicht genug für diese Temperaturen war. Ziellos irrte er im Wald umher, bis ihm die immer dünner werdende Luft so zusetzte, dass er stehen bleiben musste. Wie spät es wohl sein mochte? Hechelnd schaute er in den Himmel, um den Sonnenstand zu prüfen. Als in diesem Moment etwas hinter einem der Bäume hervorhuschte, wich Ravi zurück, bis er merkte, dass bloß ein Hase seinen Weg kreuzte. Berghase trifft Angsthase, dachte er, und setzte sich wieder in Bewegung. Eine Stunde später gelangte er zu einer Anhöhe, wo er sich erschöpft ins Gras fallen ließ und mit hängenden Lefzen das vor ihm liegende Gebirge betrachtete, dessen imposante Gipfel den Himmel zu berühren schienen. Majestätisch hoben sich die schneebedeckten Bergkuppen vor der Mittagssonne ab. »Wie soll ich Amba hier bloß finden?«, hechelte er. »Nur einen Moment durchschnaufen, nur kurz ausruhen …« Er legte seinen Kopf zwischen die Vorderpfoten und schloss die Augen. Als er die Wärme seines eigenen Fells spürte, überkam ihn eine bleierne Müdigkeit. Im nächsten Moment war er bereits so tief eingeschlafen, dass er das Rascheln ganz in seiner Nähe nicht hörte.

Ein Meisterjäger bleibt
in jeder Situation souverän.

Wer sich in den Dschungel
wagt, wird mit Beute belohnt.

Hör auf zu hoffen
und geh in den Dschungel.

Ein Tiger sorgt selbst
für seine Beute.

Du hast nichts zu verlieren –
außer Zeit.

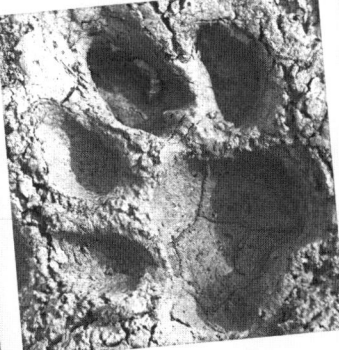
Vertrau deinem Jagdinstinkt
und du findest deinen Weg.

AUFBRUCH:
Bootcamp mit der weißen Tigerin

»Ich habe dich erwartet.« Eine tiefe Stimme riss Ravi aus dem Schlaf. »Wo … wo bin ich?«, stammelte er und blickte, kaum hatte er die Lider geöffnet, erschrocken in zwei eisblaue Augen.

»Du bist in den Jagdgründen von Amba.« Mit eleganten Bewegungen strich die weiße Tigerin langsam um ihn herum. »Was führt dich zu mir?«, fragte sie, obwohl sie den Fremdling längst an seiner Maserung erkannt hatte. Dieser Tiger hier war zwar weniger muskulös gebaut und etwas unsicher, aber sonst glich er seinem Vater nahezu bis aufs letzte Haar. Mit einem Schmunzeln erinnerte sie sich an Ravinder, der, als er vor vielen, vielen Jahren zu ihr kam, eine so wilde und übermütige Wildkatze war.

»Du musst mir helfen«, sprudelte Ravi erleichtert hervor. »In fünf Tagen muss ich eine Wettjagd gegen den Rivalen meines Vaters, des großen Ravinder, gewinnen. Du kennst ihn doch. Oder?«

Amba winkte ab und fragte: »Wieso schaffst du das nicht allein?«

»Weil …«, er machte eine Pause, um Luft zu holen, »weil Bal viel größer, stärker und schneller als ich ist.« Beschämt senkte er den Blick und ergänzte leise: »Wenn ich verliere, muss ich das Revier verlassen.«

»Und was kann ich in dieser Angelegenheit für dich tun?«

»Es heißt, du bewahrst das geheime Jagdwissen unserer Vorfahren«, antwortete er und schaute sich die Legende auf vier Pfoten etwas genauer an. Er mochte ihre Augen, sie strahlten eine gewisse Wärme aus. Aber wie ihm die doch recht ausgemergelte Tigerin mit dem ergrauten Backenbart weiterhelfen sollte, konnte er sich beileibe nicht vorstellen. Wie lange mochte es wohl her sein, dass sein Vater sie das letzte Mal gesehen hatte? »Du musst mir alles beibringen, was du weißt«, schob er seine Zweifel beiseite, »möglichst schnell.«

Amba hatte selten einen so aufgeregten Tiger gesehen. Um ihn zu beruhigen, sagte sie: »Ganz langsam und der Reihe nach.«

»Aber mir läuft die Zeit davon!«, flehte Ravi. Diese Begegnung verlief nicht gerade so, wie er es sich vorgestellt hatte. Insgeheim hatte er gehofft, die weiße Tigerin würde über magische Kräfte verfügen, die er sich zunutze machen könnte, um Bal zu besiegen und möglichst schnell wieder sein altes Leben unter dem Banyan aufnehmen zu können. Aber er hatte sich wohl getäuscht.

»Nicht so hastig!«, entgegnete Amba und kam so nah an ihn heran, dass er ihren feuchten Atem spüren konnte. »Entweder du gehst nach meinen Regeln vor oder du kannst gleich wieder gehen.«

Ravi zog den Schwanz ein und nickte beflissen.

»Komm mit zu meiner Höhle. Dort sehen wir weiter.« Mit geschmeidigen Bewegungen kletterte sie den Hang hinauf. »Was ist?«, rief sie ihm von einem Felsen etwas weiter oben zu. »Ich dachte, du hast es eilig?«

Leise grummelnd schlich Ravi seiner neuen Lehrerin hinterher. Weil Amba in so zügigem Tempo nach oben lief, vergrößerte sich der Abstand zwischen ihnen immer weiter. Als Ravi die letzten Meter zu ihrem Lager heraufgekrochen kam, wärmte sich die weiße Tigerin bereits auf der Wiese vor ihrer Höhle in der warmen Nachmittagssonne. Das wird schwer werden, dachte sie. Dieser Tiger hatte gute Gene, aber er war nicht besonders gut in Form.

»Gehen wir jetzt jagen?«, keuchte er nach Luft schnappend.

»Nein. Wir machen erst mal Pause.« Sie schnaufte tief durch. »In diesen Höhen ist die Luft sehr dünn. Da muss man mit seinen Kräften haushalten.«

»Aber dafür habe ich keine Zeit!« Nervös tigerte Ravi vor Amba auf und ab.

»Das Ultimatum läuft in fünf Tagen ab. Wir haben also noch vier Nächte. Das ist genug Zeit – vorausgesetzt, der Schüler bringt ebenso viel Geduld auf wie seine Lehrerin.« Bevor sie in ihrer Höhle verschwand, zeigte sie auf einen Felsen neben dem Abgrund und wies den verdutzten Tiger an: »Du kannst dein Lager da vorn unter dem Felsvorsprung aufschlagen. Bei Sonnenuntergang geht der Unterricht los.«

Erste Nacht

KLARHEIT

Der Tiger jagt, weil er hungrig ist.
Er weiß genau, was er will, und verfolgt sein Ziel
vorausschauend.

Als die Abendsonne das Gebirgsmassiv in glühendes Rot tauchte, fand sich Amba auf der Wiese vor ihrer Höhle ein. Nachdem sie sich ausgiebig gestreckt hatte, fauchte sie ein paarmal, um ihren neuen Schüler zu wecken.

»Hoch!«, befahl sie, als er keine Notiz von ihr nahm. »Es ist Zeit für deine erste Aufgabe. Ich möchte sehen, was du kannst.«

Ravi setzte sich auf seine Hinterpfoten und schaute seine Lehrerin erwartungsvoll an.

»Siehst du die Fliege vor dir auf dem Boden? Fang sie mit beiden Pranken. Aber«, sie hob mahnend die Pfote, »ohne ihr wehzutun.«

»Pffff.« Ravi entfuhr ein enttäuschtes Schnauben. »Das ist ja leicht. Dafür hätte ich nicht herkommen müssen.« Er erhob sich behäbig und klatschte ein paarmal lustlos aufs Gras. Die Fliege entwischte mühelos, drehte ein paar Runden um den Kopf des verdutzten Tigers und ließ sich völlig entspannt auf einem Stein, der in der Wiese lag, nieder.

»Noch mal!«, befahl Amba.

Widerwillig legte sich Ravi vor der Fliege auf die Lauer. Während er überlegte, wofür das gut sein sollte, fiel ihm das Ultimatum ein. »Ich habe keine Zeit, Fangen zu spielen«, ereiferte er sich, bevor er mit zwei Sätzen auf die Fliege zusprang, die bereits abhob, noch ehe er sie erreicht hatte. Mit ein paar waghalsigen Start- und Landemanövern brachte sie den Tiger noch mehr auf. Entnervt krabbelte er ihr hinterher, doch wohin auch immer er schlug, die Fliege war jedes Mal weg und zeigte ihm einen langen Rüssel, bevor er mit seiner Pfote überhaupt den Boden berührte.

»Das geht nicht!«, rief er ungehalten. »Diese Aufgabe ist unmöglich! Eine Fliege lässt sich nicht mit bloßen Pranken fangen! Und dann auch noch lebendig!« Er beschloss, Amba lieber nicht zu sagen, dass sein Vater diese Kunst sehr wohl beherrschte.

»Wenn du meinst …«

Die lapidare Antwort machte Ravi noch wütender. Er fuchtelte mit der gestreckten Pranke durch die Luft und schrie: »Das muss doch klappen!« Dabei drehte er sich auf den Hinterpfoten stehend um seine eigene Achse und verlor das Gleichgewicht. Beim Fallen versetzte er der Fliege versehentlich einen Hieb von der Seite, sodass sie zu Boden ging.

»Upps«, entschlüpfte es ihm. Verschämt hielt er sich die Pfote vors Maul.

»Nicht wehtun, hatte ich gesagt …«

Er krabbelte zu dem Insekt und fächelte ihm Wind zu. »Komm schon …«, bettelte er und fügte, als es sich nicht bewegte, in Gedanken hinzu: Lass mich nicht hängen, sonst schickt sie mich am Ende noch weg.

Erleichterung machte sich in ihm breit, als sich die Fliege torkelnd erhob und empört das Weite suchte. Von einem sicheren Platz auf einem Felsen über dem Höhleneingang aus beobachtete sie das weitere Geschehen.

»Was ist hier schiefgelaufen?«

»Hm …«, murmelte Ravi. »Zu viel Kraft?«

Amba rollte mit den Augen.

»Zu schnell?«

Sie verpasste ihm eine Kopfnuss.

»Aua!«

»Du willst eine Wettjagd gewinnen und kannst noch nicht einmal eine Fliege fangen. Weißt du, warum?« Und ohne seine Antwort abzuwarten, fuhr sie fort: »Weil du kein klares Ziel vor Augen hast.«

»Hab ich wohl.«

Amba verschränkte ihre Pfoten und sagte: »Ich höre …«

»Ich will ein Meisterjäger sein.«

»Und warum?«

»Weil … weil …«, stotterte er, denn er wusste keine Antwort auf diese Frage, über die er noch nie nachgedacht hatte. Seit dem Verschwinden seiner Mutter wünschte er sich nichts sehnlicher, als so groß und stark und schnell wie sein Vater zu sein. Er bewunderte Ravinder dafür, dass er sich vor nichts und niemandem fürchtete. Sein Vater beklagte sich nicht, wenn etwas nicht so lief, wie er es sich vorgestellt hatte. Er tat einfach, was getan werden musste. Am meisten beeindruckten ihn seine Ausdauer und seine Hartnäckigkeit. Er ließ sich niemals von Niederlagen abhalten, sondern jagte so lange, bis er Beute gemacht hatte. So wollte er auch sein. Auch wenn er keine Ahnung hatte, wie er das jemals schaffen sollte. Er fing, sobald es Zeit zum Jagen war, entweder gar nicht erst an oder gab beim geringsten Widerstand auf. Mit hängenden Schultern stand er vor seiner Lehrerin und kratzte deprimiert mit der Pfote über den Boden. Vielleicht waren ihm die Erfolge seines Vaters einfach nicht gegönnt.

»Erfolg ist kein Zufall«, sagte Amba, als hätte sie seine Gedanken gelesen. »Er steht am Ende eines langen Weges, der mit einem Ziel beginnt. Ein Tiger lässt die Dinge nicht einfach auf sich zukommen, sondern hat einen Plan.« Sie hielt kurz inne, damit sich ihre Worte setzen konnten, und fügte dann hinzu:

Erfolg ist kein Zufall.
Er steht am Ende eines
langen Weges, der mit
einem Ziel beginnt.

Du nimmst dem Weg
zum Unerreichbaren
den Schrecken, wenn du
ihn in kurze Etappen einteilst.

»Zugegeben, Meisterjäger zu werden ist ein ambitioniertes Vorhaben. Es wundert mich nicht, dass du nicht weißt, wie du das erreichen sollst.« Sie schaute ihn verständnisvoll an. »Je größer dein Ziel oder je weiter entfernt es ist, desto mehr verunsichert es dich. Du hast bestimmt viel Stress deswegen.«

Ravi nickte erleichtert.

»Keine Sorge«, sagte sie und klopfte ihrem Schüler aufmunternd auf die Schulter. »Du nimmst dem Weg zum Unerreichbaren den Schrecken, wenn du ihn in kurze Etappen einteilst. So spielt es keine Rolle, wie weit entfernt dein Ziel ist, weil du immer nur den nächsten Schritt tun musst.« Sie schwieg eine Weile, um Ravi etwas Bedenkzeit zu geben, und fragte dann: »Was ist jetzt gerade am wichtigsten?«

»Dass … dass ich die Wettjagd gewinne?«

»Aha!? Das ist interessant«, entgegnete sie mit gespielter Verblüfftheit. »Ist dir klar, dass du dann gerade vor deinem Ziel davonläufst?«

Da Ravi sie nur stumm anstarrte, erklärte sie: »Du willst ein Meisterjäger sein und Bal besiegen. Dafür musst du jagen können. Und das kannst du nur, wenn du lernst, wie es geht. Richtig?«

Langsam dämmerte es dem Tiger. Freudig stellte er den Schwanz auf und resümierte: »Genau! Ich bin zu dir gekommen, um das zu lernen.« Und mit einem Grinsen setzte er hinzu: »Auch wenn ich keine Ahnung habe, wie mir das Fliegenfangen dabei helfen soll.« Die Bemerkung brachte ihm eine weitere Kopfnuss ein.

»Komm mit!« Sie marschierte zu einem Baum am Rand der Wiese. Ravi trottete, sich den Kopf reibend, mit Leidensmiene hinterher.

»Lass uns erst mal festhalten, was du willst! Auf diese Weise prägt es sich besser ein.« Sie zeigte auf eine kahle Stelle am Stamm. »Schreib deine Ziele der Reihenfolge nach auf.«

Ravi fuhr seine Krallen aus und fing an zu kritzeln. Kaum war er fertig, schaute er erwartungsvoll zu Amba.

»Das kann doch kein Tiger lesen«, tadelte sie ihn mit zusammengekniffenen Augen. »Lies es laut vor.«

»Ziel 1: Jagen lernen. – Ziel 2: Bal besiegen. – Ziel 3: Meisterjäger werden.«

Mit einem verschmitzten Lächeln tätschelte Amba seinen Kopf und sagte: »Sehr gut. Ich bin zufrieden mit deinen Fortschritten. Du hast dir eine Pause verdient. Und ich auch.« Sie schaute nach oben in den mit Sternen übersäten Himmel. »Es ist ohnehin Zeit zum Fressen.«

»Jetzt?«, rief Ravi entgeistert. »Mitten im Unterricht?«

»Hast du denn keinen Hunger?«, fragte Amba im Weggehen.

»Doch, aber …« Er hielt inne und beobachtete, wie seine Lehrerin in einem Gebüsch neben ihrer Höhle herumgrub und etwas hervorzerrte. Das musste die Beute aus einer der vergangenen Nächte sein. Das Wasser lief ihm im Mund zusammen, hatte er doch seit fast zwei Tagen nichts mehr gefressen. Magisch angezogen von dem Duft des Leckerbissens pirschte er sich langsam heran, bis er ihn direkt vor der Schnauze hatte. Er riss das Maul auf und wollte gerade zubeißen, da zog Amba die Beute ruckartig zwischen ihre Pfoten und machte sich schmatzend darüber her.

»Was soll denn das?!«, fauchte Ravi und schnupperte mit gerecktem Hals in Richtung Nachtmahl.

»Für jemanden, der nicht jagen will, hast du einen gesunden Appetit.«

»Mein Vater hat immer geteilt«, wagte er einen zweiten Vorstoß.

»Ich bin aber nicht dein Vater«, konterte Amba und widmete sich wieder ihrer Mahlzeit. Mit gierigen Blicken verfolgte er jeden ihrer Bissen. Wenn sie so weiterschlang, würde bald nichts mehr für ihn übrig bleiben.

Ein hungriger Tiger lässt sich durch nichts aufhalten.

»Ist noch was?«, verscheuchte die weiße Tigerin ihren Schüler mit einem unwirschen Knurren, weil sie es nicht gewohnt war, dass sie jemand beim Fressen beobachtete. Als sie fertig war und ihre Pfoten sorgfältig gesäubert hatte, wandte sie sich wieder Ravi zu, der ihr respektvoll das Hinterteil zugedreht hatte: »Hunger bringt dich in Bewegung.« Ravi sprang auf und kam näher. »Er ist wichtiger als Größe, Stärke oder Schnelligkeit. Ein hungriger Tiger lässt sich durch nichts aufhalten. Er will lernen und an seinen Erfahrungen wachsen. Kein Hindernis, kein Fehlschlag kann ihn stoppen, weil ihn der Hunger vorantreibt.« Sie leckte sich mit der Zunge übers Maul. »Ein satter Tiger hingegen läuft Gefahr, träge, bequem und nachlässig zu werden. So wie du.«

Widerstrebend musste sich Ravi eingestehen, dass etwas Wahres an Ambas Worten war. Wie oft hatte sich sein Vater darüber beklagt, dass es ihm am nötigen Biss fehlte, wenn er sich mal wieder den Bauch vollschlug mit etwas, das er nicht selbst erbeutet hatte. Ravinders Worte waren an ihm abgeprallt wie das Wasser an seinem Fell. Aber so ausgehungert und ganz allein in einer fremden Umgebung ergab das Ganze auf einmal einen Sinn: Ohne Hunger kein Einsatz. Und ohne Einsatz keine Beute. Das Knurren seines Magens durchbrach seinen Erkenntnisstrom.

»Es ist kaum zu überhören, wie sehr dich der Hunger plagt. Wunderbar«, feixte Amba. »Das ist die ideale Voraussetzung, um mit deiner Aufgabe weiterzumachen.« Sie winkte die Fliege heran und ergänzte: »Bisher hast du nur auf das reagiert, was unsere Freundin hier getan hat. Jetzt wirst du lernen, vorwegzunehmen, was sie tun wird.«

»Äh«, Ravi kratzt sich verlegen am Ohr. »Und was genau heißt das?«

»Du musst die Jagd vom Ende her planen. Wenn du einfach loslegst wie eben, gelangst du nicht ans Ziel.«

Ein erfolgreicher Jäger stellt seine Beute dort, wo sie sein wird, und nicht da, wo sie ist.

Du verstehst deine Beute erst, wenn du in ihrer Spur gelaufen bist.

»Aber ich kenne das Ende doch noch gar nicht.«

»Genau das ist dein Problem. Ein erfolgreicher Jäger stellt seine Beute dort, wo sie sein wird, und nicht da, wo sie ist. Danach richtet er seine Jagd aus.«

Ravi zuckte irritiert mit dem Kopf.

»Schau«, sie beugte sich behutsam über die Fliege und deutete auf deren winzigen Kopf. »Mit ihren kugelförmigen Augen hat sie so etwas wie einen Rundumblick und kann sehr schnell reagieren. Schleichst du dich von hinten an, sieht sie dich noch bevor du bemerkst, dass sie dich gesehen hat.«

»Häh?«

»Um die Fliege zu fangen, musst du wissen, wie sie tickt: Wenn sie eine Bedrohung wahrnimmt, stellt sie sich mit ihren Beinen in Startposition, um in die entgegengesetzte Richtung zu starten. Kommt deine Pfote von vorn, fliegt sie nach hinten weg, kommt sie von hinten, hebt sie nach vorn ab.«

»Ich glaube, jetzt verstehe ich langsam.« Er wischte mit der Pranke durch die Luft und verfolgte neugierig den Schatten, den seine Bewegung warf. »Wenn ich vorwegnehme, wo die Fliege hinwill, kann sie mir nicht entwischen, weil ich schon vor ihr dort bin.« Er hob begeistert die Pfote, um sich mit Amba abzuklatschen.

»Stimmt«, rief sie erfreut und schlug ein. »Und jetzt probier es mit der Fliege.«

Nach drei Versuchen schwirrte das Insekt immer noch frei herum und Ravi war die Lust am Jagen vergangen. Entmutigt ließ er sich auf die Wiese fallen.

»Was ist?«

»Aus mir wird nie ein Meisterjäger«, jammerte er und vergrub die Schnauze niedergeschlagen im Gras.

»Übung macht den Meister. Erfolg stellt sich nicht von einem Tag auf den anderen ein. Du verstehst deine Beute erst, wenn du in ihrer Spur gelaufen bist. Gib dir Zeit, um die Weisheit unserer Vorfahren zu verdauen.«

Als der Gesang eines Nachtigallenmännchens, das um seine Liebste warb, über die Anhöhe hallte, horchte Amba auf. »Schon so spät?«, sagte sie und gähnte herzhaft. »Lass uns Schluss machen für heute Nacht. Du kannst ja noch ein bisschen mit deiner neuen Freundin üben.« Sie nickte der Fliege zu und zog sich in ihre Höhle zurück.

In der Hoffnung, sie würde gleich wieder zurückkommen, blieb der verdatterte Schüler auf der Wiese stehen. Vielleicht wollte ihn seine Lehrerin ja bloß einer Geduldsprobe unterziehen. Die Fliege unternahm einen zarten Annäherungsversuch. Doch Ravi war nicht mehr zum Scherzen aufgelegt. Um in Ruhe den Höhleneingang beobachten zu können, schnappte er knurrend nach ihr, bis sie sich verzog. Da Amba nicht mehr auftauchte, gab er schließlich auf und legte sich unter seinen Felsvorsprung, von wo aus er grimmig ins Gebirge blickte. Da hatte er den weiten Weg auf sich genommen, um Jagen zu lernen. Und alles, was ihm diese seltsame Lehrerin beibrachte, war, Fliegen zu fangen.

Erfolg ist kein Zufall.
Er steht am Ende eines langen
Weges, der mit einem Ziel beginnt.

Du nimmst dem Weg zum Un-
erreichbaren den Schrecken, wenn
du ihn in kurze Etappen einteilst.

Ein hungriger Tiger lässt sich
durch nichts aufhalten.

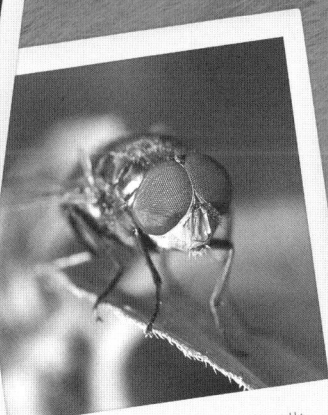

Ein erfolgreicher Jäger stellt
seine Beute, wo sie sein wird,
und nicht, wo sie ist.

Du verstehst deine Beute erst,
wenn du in ihrer Spur gelaufen bist.

KRAFT

Der Tiger jagt im Einklang mit sich selbst. Auf seine Stärke und Willenskraft vertrauend, überwindet er alle Widerstände.

Den ganzen nächsten Tag döste Ravi unter seinem Felsvorsprung oder stromerte antriebslos im Gebüsch herum. Dabei entfernte er sich nur so weit von der Wiese, dass er den Höhleneingang stets im Auge behalten konnte. Wo blieb die alte Dame bloß? Missgelaunt schnaubte er vor sich hin. Mit jeder Stunde, die sie ihn warten ließ, wuchs sein Unmut. So hatte er sich seine Zeit bei der weisen Tigerin nicht vorgestellt. Er erwartete ja keine Wunder, dafür war die Zeit zu knapp: Aber Amba konnte ihm doch wenigstens ein paar Tricks zeigen, damit er mit Bal mithalten konnte. Wenn sie nicht bald auftauchte und ihm etwas Anständiges beibrachte, wäre die Wettjagd verloren, bevor sie begonnen hatte.

Das Surren der Fliege unterbrach seine trüben Gedanken. »Lass mich in Frieden«, brummte er und fuchtelte mit der Pfote in der Luft herum. »Ich habe keine Lust, Fangen zu spielen.« Als sie weg war, legte er entmutigt den Kopf zwischen die Pfoten und versuchte, zu schlafen.

Bis zum Abend blieb es still in Ambas Höhle, obwohl sie nicht untätig war. Über Stunden verfolgte sie aus der Dunkelheit aufmerksam das Treiben ihres Schützlings. Lag er auf seinem Schlafplatz, wo er eigentlich ruhen sollte, war er auf der Hut wie ein Gejagter. Streunte er durchs Gebüsch, tat er alles Mögliche, nur nicht jagen. Dabei besaß er hervorragende Voraussetzungen, um ein Meisterjäger zu werden: Er war im besten Alter, entstammte einer langen Reihe erfolgreicher Tiger und lebte im größten Revier des Dschungels. Er war groß, wenn auch nicht ganz so hochgewachsen wie sein Vater; stark, wenn auch nicht so muskulös wie Bal; und schnell, wenn auch noch nicht so flink wie die Fliege. Körperliche Kraft war nicht sein Problem. Darüber hinaus hatte er einen wachen Geist und verfügte über Einfallsreichtum. Kurz: Dieser Tiger besaß jede Menge Potenzial, das er jedoch nicht mit seinem Denken und Verhalten in Einklang brachte. Eigentlich war es kein Wunder, dass er überzeugt davon war, die Wettjagd zu verlieren, ohne es überhaupt versucht zu haben. Schließlich hatte er nie selbst etwas gewagt, sondern sein Leben immer im Schatten seines Vaters gefristet. Er hatte sein vertrautes Terrain noch nicht einmal verlassen müssen, um satt zu werden. Das war vermutlich auch der Grund, warum er sich so schnell fürchtete und nicht von Ambas Seite wich. Sie musste ihn dazu bringen, sich den Herausforderungen des Dschungels mit mehr Selbstvertrauen und Zuversicht zu stellen. Nur so würde er lernen, seinen Fähigkeiten zu vertrauen, die er bei Weitem nicht ausgeschöpft hatte. »Es ist Zeit, deine Widerstände zu überwinden«, flüsterte sie in die mittlerweile hereingebrochene Nacht. »Um deinen Spielraum zu vergrößern, musst du dich auf Neuland wagen.« Mit einem zufriedenen Schnurren marschierte sie nach draußen und rief »Neuer Tag, neues Glück« in Richtung Felsvorsprung. »Hoch mit dir! Heute Nacht machen wir einen Ausflug.«

Mit kraftvollen Schritten bahnte sie sich einen Weg durchs Dickicht, das die Höhle umgab, bis sie zu einem Felshang gelangte, den sie leichtfüßig erklomm. Ravi hatte Mühe, die flinke Tigerin auf dem unbekannten Pfad nicht zu verlieren. Um si-

Um deinen Spielraum zu
vergrößern, musst du dich
auf Neuland wagen.

cherzustellen, dass er nicht ins Leere trat und abrutschte, tastete er alle Steine, auf die er trat, zuvor mit der Pfote ab.

»Du musst nicht jeden Schritt kontrollieren«, trieb Amba ihren Schüler an, »einem kräftigen Tiger wie dir kann hier nichts passieren. Komm endlich, weiter oben auf dem Plateau erwartet uns ein fantastisches Panorama.«

»Die Aussicht ist mir herzlich egal«, japste Ravi und stakste ihr hinterher. Doch als er oben angekommen war und seinen Blick schweifen ließ, musste er zugeben, dass seine Lehrerin nicht zu viel versprochen hatte. Die Hochebene, auf der sie standen, gab den Blick auf die mondhelle Gebirgskette frei. Das unendliche Himmelszelt leuchtete voller Sterne. Stumm schauten die beiden Tiger nebeneinander stehend in die Ferne.

»Irgendwo da unten wartet Bal auf mich«, seufzte Ravi. »Dabei ist der Dschungel von hier aus nicht mehr als ein winziger Fleck. Auch mein Problem wirkt auf einmal viel weniger schlimm.«

»Dafür gibt es eine ganz einfache Erklärung: Wer die Lage überblickt, verrennt sich nicht. Wenn man wie du mächtig unter Druck steht, verliert man schnell den Überblick. Dann hilft nur eins: die Perspektive wechseln. Von oben betrachtet erscheinen die Dinge wesentlich kleiner.« Sie klatschte in die Pfoten und rief: »Jetzt haben wir aber genug geplaudert. Deine zweite Aufgabe wartet auf dich.« Nach diesen Worten lief sie zu einer hochgewachsenen Zeder, die einsam mitten auf dem Plateau stand, und machte vor einem dicken, losen Ast halt, der auf Augenhöhe quer über dem Geäst platziert war.

»Was soll ich damit? Die Fliege erschlagen?«

Blitzschnell versetzte Amba ihrem Schützling eine Kopfnuss.

»Aua! Wofür war das denn?«

»Hör auf, unnütze Fragen zu stellen, und schlag einfach den Ast durch.«

»Einfach? Der ist doch viel zu dick!«, schimpfte Ravi, während er die seltsame Konstruktion in Augenschein nahm.

»Kann es sein, dass du ein Pessimist bist? Du hast es doch noch gar nicht probiert.«

»Einen solchen Ast kann man nicht mit der bloßen Pranke durchschlagen. Das ist viel zu gefährlich. Da …«

Amba hob die Pfote, um Ravi zum Schweigen zu bringen. »Wieso gehst du eigentlich als Erstes davon aus, dass alles misslingt?«

»Das ist doch viel besser, als hinterher eine böse Überraschung zu erleben. Wenn ich mir die Pfoten breche, kann ich einpacken gegen Bal! Dann war alles umsonst!«

»Siehst du, das meine ich. Bevor du es nicht versucht hast, weißt du doch gar nicht, ob etwas klappt oder nicht. Mit einer solchen Einstellung schwächst du dich und verlierst genauso, wie wenn du vor lauter Angst gar nicht erst antrittst!«

Ravi kniff ein paarmal nervös die Augen zusammen und schlug dann, nur mäßig überzeugt, auf das Stück Holz. Nichts passierte. Lediglich die Fliege, die mit skeptischem Blick das Treiben vom äußersten Ende des Astes aus verfolgte, hob vorsichtshalber ab.

»Siehst du! Es klappt nicht!«, rief er störrisch.

Nur mit Mühe konnte sich Amba ein Grinsen verkneifen. Bestimmt sagte sie: »Denke in Möglichkeiten und Lösungen, nicht in Hindernissen und Katastrophen. Ein Meisterjäger glaubt an seine Fähigkeiten und geht davon aus, dass das, was er vorhat, ein Erfolg wird. Los, stell dich der Herausforderung und nutze deine Kraft sinnvoll. Wenn du den Ast durchschlagen willst, wirst du eine Möglichkeit finden.«

Erneut versetzte Ravi dem Holz einen Schlag. »So ein Mist!«, rief er ungehalten, weil sich außer einem leichten Wackeln nichts tat. »Man kann vielleicht eine Fliege mit der bloßen

Denke in Möglichkeiten und
Lösungen, nicht in Hindernissen
und Katastrophen.

Pranke fangen, aber man kann einfach keinen solchen Ast durchschlagen. Das geht nicht!«

»Soll ich dir mal zeigen, worauf du deine Kraft verwendest?« Ohne seine Antwort abzuwarten, warf sich die weiße Tigerin abrupt auf den Boden, rollte mit den Pfoten strampelnd herum und heulte: »Das klappt nie! Das schaffe ich nicht!« Ebenso schnell, wie sie sich hingeworfen hatte, stand sie wieder auf ihren vier Beinen und nahm mit ernster Stimme den Gesprächsfaden auf: »Wer sagt, dass du es nicht schaffst? Trau dich doch erst einmal, bevor du urteilst.«

Schuldbewusst zog er den Schwanz ein. Dieses Gezeter erinnerte ihn an die Hyänen. So ein Jammerlappen wollte er nicht sein. Das war eines Tigers nicht würdig.

»Los, zeig mir, was in dir steckt«, feuerte Amba ihren Schützling an. »Überwinde dich!«

Mit frischem Mut schmetterte Ravi seine Pranke so heftig gegen das Holz, dass er aufjaulte. »Ich hab's ja gleich gesagt«, schrie er und rieb sich die schmerzende Pfote. »So eine blöde Aufgabe!« Er verpasste dem Baumstamm einen Tritt mit der Hinterpfote. »Ich bin eben kein richtiger Tiger«, fauchte er trotzig, während Tränen in seine Augen traten. Um seine Verzweiflung zu verbergen, rannte er zum Ende des Plateaus zurück und schaute ins Tal. »Warum bin ich bloß hierhergekommen?«, schluchzte er und rieb sich die schmerzende Pfote.

»Um das Geheimnis unserer Vorfahren zu ergründen.« Amba war ihm nachgelaufen und hatte liebevoll die Pfote um ihn gelegt. Sie schaute ihn eindringlich an: »Du willst doch ein Meisterjäger werden. Nicht wahr?« Er nickte schniefend. »Warum gibst du dann auf, sobald Probleme auftauchen? Wenn du einen Durchbruch erzielen willst, musst du bereit sein, mit den alten Glaubenssätzen zu brechen.«

»Aber wie?«

Es ist leichter, eine Antilope zu fangen, als eine hinderliche Überzeugung.

»Nun ja«, entgegnete Amba ruhig, »es ist leichter, eine Antilope zu fangen, als eine hinderliche Überzeugung. Das erfordert Kraft, die du gerade damit vergeudest, mir immer wieder zu erklären, warum etwas nicht funktionieren kann. Mach es doch mal anders und stell dir vor, die Sache geht gut aus. Optimisten haben viel mehr Kraft als Pessimisten.«

Ein Hoffnungsschimmer huschte über Ravis Gesicht. Er hörte auf, sich die Pfote zu reiben, und spitzte die Ohren. *»Überwinde deinen inneren Widerstand und du kannst deine Kraft nutzen, um die Aufgabe zu bewältigen.«* Sie klopfte ihm motivierend auf die Schultern. »Du hast doch eine gute Erfahrung gemacht. Immerhin hast du dir nicht die Pfote gebrochen.«

»Aber es tut ganz schön weh!« Er rieb sich die schmerzende Stelle, während Amba kaum merklich mit den Krallen einer Pranke auf den steinigen Boden trommelte. Diese Fellschnauze war hartnäckiger, als sie gedacht hatte. »Willst du weiter vor deinem Ziel davonlaufen? Oder dich zu überwinden und zu lernen, deinen Fähigkeiten zu vertrauen?«, fauchte sie ungeduldig. »Ein Meisterjäger findet einen Weg, ein Schmusetiger Ausflüchte.«

Kleinlaut plumpste Ravi auf sein Hinterteil und murmelte »Lernen« in seinen Backenbart.

»Gut. Wenn du den Gedanken an den Schmerz loslässt, hast du die Pfoten frei, um deine Aufgabe zu meistern. Ich zeig es dir.« Sie platzierte sich vor dem Ast und richtete sich mit dem Einatmen zu voller Größe auf. Mit dem Ausatmen durchtrennte sie das Holz mit einem Schlag sauber in der Mitte. »Siehst du«, sagte sie, während sie sich nach einem anderen Ast streckte, der weiter oben deponiert war. »Je entspannter du bist, desto leichter geht es. Je mehr rohe Gewalt du einsetzt, desto mehr tut es weh.« Sie legte den neuen Ast für Ravi bereit und kam wieder vor ihm zum Stehen. »Jetzt bist du dran.«

Ein Meisterjäger findet einen Weg,
ein Schmusetiger Ausflüchte.

»Aber da steht was eingeritzt«, bemerkte Ravi, als er näher herankam.

»Ach ja?«, flötete Amba.

»Was hindert dich daran«, las er langsam vor, »deine Kräfte zu entfesseln?«

»Und …?« Sie sprang hoch, um den Ast zu greifen, und legte ihn vor Ravis Pfoten. »Schreib auf, was dich hindert.«

Der Tiger dachte an die vielen Momente zurück, wo er sich unterschätzt oder geängstigt hatte. Was, wenn er kein Wasserloch finden würde? Was, wenn er sich verirrte? Was, wenn er seinem Vater mit leerem Maul unter die Augen träte? Was, wenn ihm ein Tier begegnete, das größer war als er? Was, wenn … So begannen alle Szenarien, die er sich im Kopf ausmalte, noch bevor er einen Fuß vom Banyanbaum wegbewegt hatte. Er jagte nicht mit Freude und dem Duft der Beute in der Nase, sondern mit einer ganz trockenen Schnauze, weil er fürchtete, sich zu verletzen oder leer auszugehen.

Er musste sich eingestehen, dass er einige Widerstände in sich trug, die immer auf ein Gefühl hinausliefen: Angst. Er ritzte mit der Kralle in das Holz: »Angst vor Schmerz« und »Angst zu versagen.«

»Angst ist kein hilfreicher Begleiter auf der Jagd, sondern ein Klotz am Bein, mit dem du dich und deine Fähigkeiten selber ausbremst.« Amba machte eine bedeutungsvolle Pause. »Selbstvertrauen ist der zweite Schlüssel zum Erfolg. Jeder Tiger ist einzigartig und hat individuelle Stärken. Lerne, an dich selbst zu glauben. Du musst weder wie dein Vater noch wie Bal oder sonst ein Tier sein. Du bist du – kräftig, einfallsreich und lernwillig. Habe ich recht?«

»Äh … ja …«

»Drei gute Voraussetzungen, um ein Meisterjäger zu werden. Der Rest ist Training. Glaub mir, ich weiß, wovon ich spreche.

Ich habe schon viele Tiger ausgebildet. Jeder ist anders. Und jeder reagiert anders auf Neues. Der eine ist mutiger, der andere aggressiver, wieder ein anderer zurückhaltender … Du bist also keine Ausnahme. Solange du daran arbeitest, deine Widerstände zu überwinden, besteht auch für dich berechtigte Hoffnung auf Erfolg.«

»Aber wieso finden dann alle, ich hätte nicht das Zeug zum Jäger?«

»Wer behauptet das?«

»Na, die Streifenhyänen …«

»Ein altes Tigersprichwort besagt: Wenn du dich zu lang mit den falschen Tieren umgibst, wirst du wie sie. Möchtest du etwa wie eine Hyäne sein?«

Der Tiger schüttelte den Kopf.

»Warum hörst du dann auf die beiden?«

Verlegen kratzte er an der Rinde des Baumstamms herum, während er über die Frage nachdachte. Warum eigentlich? Sie redeten viel und taten selbst nur das Nötigste. Statt ihn zu unterstützen, nahmen sie ihn nicht ernst. Um satt zu werden, schmierten sie seinem Vater Honig um den Backenbart. Und kaum hatten sie sich den Bauch vollgeschlagen, zögerten sie keine Minute, über die Pfote, die sie nährte, herzuziehen. Wahrscheinlich klatschten sie schon im ganzen Streifgebiet über die jüngsten Ereignisse. Er fuhr seine Krallen aus und sagte: »Manchmal glaube ich, die Hyänen halten sich für die besseren Tiger.«

»Sehr gut beobachtet!«, lobte Amba. »Streifen allein machen noch keinen Tiger. Die Meinung der anderen zählt nicht. Sie hilft dir auch nicht weiter, wenn du mit Problemen konfrontiert bist. Entscheidend ist, ob du dich selbst für einen guten oder einen schlechten Jäger hältst. Denn egal, was du über dich denkst, du hast immer recht.«

»Das verstehe ich nicht«, sagte Ravi, obwohl er sehr wohl verstand. Die Bemerkungen der weißen Tigerin rissen alte Wunden auf. Nur ungern dachte er an das Desaster mit der Grube. Über Stunden hatte er sich die Mühe gemacht, ein tiefes Loch auszuheben – und aufgegeben, nur weil die Hyänen und sein Vater nicht sofort in Begeisterung ausgebrochen waren. Vielleicht wäre die Kritik berechtigt gewesen, vielleicht aber auch nicht. Doch nun war es zu spät. Er würde nie erfahren, ob die Grube etwas taugte, weil er nicht drangeblieben war.

»Du kannst dich an den Hindernissen, die auf deinem Erfolgspfad stehen, abarbeiten, indem du dich aufregst oder vor ihnen fürchtest. Du kannst deine Kraft aber auch darauf verwenden, an ihnen zu wachsen. Die Entscheidung liegt immer bei dir. Wenn du an dich und deine Fähigkeiten glaubst und deinen Weg gehst, wirst du der werden, der du sein willst.«

»Ach«, stöhnte er, »das ist so viel auf einmal.« Er gähnte verstohlen, um seine Lehrerin nicht zu irritieren.

Um ihrem Schüler eine kleine Verschnaufpause zu gönnen, lief Amba mit ihm über das Plateau zu einer kleinen Lache, wo sich Regenwasser gesammelt hatte. Beide tranken und betrachteten danach schweigend die glatte Oberfläche des Wassers, in der sich im hellen Mondlicht ihre Gesichter spiegelten.

»Was siehst du, wenn du ins Wasser schaust?«, fragte Amba in die Stille.

»Hm …« Ravis Blick sagte mehr als tausend Worte. Der Tiger, der ihm entgegenstarrte, war nicht gerade eine Ausgeburt an Selbstvertrauen.

»Lerne, deine Ängste und Schwächen zu beherrschen. Sonst beherrschen sie dich. Das ist nicht so schwer, wie es dir gerade erscheinen mag. Im Grunde musst du dafür nur deine Talente und deine Stärken fördern. Wer seine natürlichen Bewegungen unterstützt, lernt ganz automatisch, sich selbst zu vertrauen.

**Ein wahrer Meister
beherrscht sich selbst.**

Und mit Selbstvertrauen ist alles möglich.« Sie sah ihrem Schüler in die Augen: »Ein wahrer Meister beherrscht sich selbst. Das siehst du an deinem Vater.«

»Wie meinst du das?«

»Nun, Ravinder ist nicht als Meisterjäger geboren worden. Er hat sich im Laufe der Zeit dazu entwickelt. Als er zu mir in die Lehre kam …«

»Er war dein Schüler?«, rief Ravi verblüfft. Sein Vater hatte ihm zwar immer von der weisen Tigerin erzählt, aber nie erwähnt, dass er selbst einmal bei ihr gelernt hatte.

»Als er zum mir kam«, fuhr Amba unbeirrt fort, »war er bereits groß und stark und schnell, aber auch ungeduldig, unklar und ungestüm. Eine schwierige Mischung. Ständig schoss er übers Ziel hinaus, aus lauter Angst, nicht der Beste zu sein.« Bei dieser Erinnerung rollte sie kopfschüttelnd die Augen. »Aber dein Vater nutzte seine Kraft, um seine Widerstände zu überwinden.« Sie kam ganz nah an ihren Schützling heran und ergänzte: »Stell dir das Gesicht deines Vaters vor, wie du es kennst: Siehst du in diesen Augen Angst?«

Ravi schüttelte den Kopf. Die Erkenntnis, dass sein Vater, der erfolgreichste Tiger im ganzen Streifgebiet, wie er einmal klein angefangen haben sollte, erhellte seine düsteren Fantasien über sich selbst. Bedeutete es doch, dass auch er ein Meisterjäger werden konnte, wenn er sich nur anstrengte. Bisher war das bloß nicht gelungen, weil er den Dschungel in seiner Vorstellung viel schlimmer machte, als er tatsächlich war, und sich dabei um echte – gute – Erfahrungen brachte.

»Ehrlich gesagt, verhalte ich mich schon mein ganzes Leben lang so wie bei der Aufgabe mit dem Ast.« Er zögerte einen Moment und fügte dann hinzu: »Ich will es noch einmal versuchen.«

Als er wieder vor der Zeder stand, drückte er die Beine durch und spannte jeden Muskel seines Körpers an.

Siehst du in diesen
Augen Angst?

Du hast viel
mehr Kraft,
wenn du nicht
das Hindernis,
sondern das Ziel
dahinter siehst.

»Du hast viel mehr Kraft, wenn du nicht das Hindernis, sondern das Ziel dahinter siehst«, fasste Amba die bisherigen Lektionen zusammen, während Ravi die Mitte des Holzes fixierte.

»Ich schaffe das. Ich schaffe das«, murmelte er mehrmals. »Ich werde der Meisterjäger, der ich sein will.« Er atmete langsam ein und schlug mit dem Ausatmen entschlossen zu. Der Ast zerbrach und fiel geräuschvoll zu Boden. Instinktiv rieb er sich die Pfote, bis er feststellte, dass sie gar nicht wehtat. Eine unbändige Freude durchfuhr ihn. So stark hatte er sich noch nie gefühlt. Es war also doch nicht falsch gewesen, in die Berge zu kommen. Voller Stolz betrachtete er die beiden Holzstücke und schaute dann zu seiner Lehrerin.

»Sehr gut«, kommentierte die weiße Tigerin die Leistung ihres Schülers, nur um sogleich das Thema zu wechseln: »Für heute können wir Schluss machen. Es ist ohnehin Zeit zum Fressen.« Mit beschwingt wippendem Schwanz machte sie sich auf den Heimweg.

»Oh ja, ich könnte einen ganzen Elefanten verdrücken«, antwortete Ravi mit knurrendem Magen. Doch gerade als er sich anschicken wollte, ihr zu folgen, drehte sich die weiße Tigerin unvermittelt um und ordnete an: »Du nicht! Du bleibst heute Nacht hier und schläfst auf dem Plateau.«

»Aber …« Er versuchte zu schlucken, doch seine Kehle war plötzlich ganz trocken. Gerade noch hatte er sich so gefreut – und nun das. Mit bangem Blick schaute er sich um. Hier oben gab es kein Erdloch, in das man sich verziehen konnte, und keinen schützenden Felsvorsprung wie vor Ambas Höhle. Es gab nichts, außer einer einsamen Zeder. Um seiner Lehrerin zu beweisen, dass er seine Lektion verstanden hatte, schluckte er unter großer Anstrengung die Angst, die seine Kehle hochkroch, herunter und sagte mit zittriger Stimme: »Okay, ich versuch, mir Mühe zu geben.«

»Keine Ausreden, keine Versuche! Du bist alt genug, um deine Widerstände zu bezwingen.« Sie sah ihn streng an. »Ein Tiger hat keine natürlichen Feinde, auch nicht in einem fremden Terrain. Je öfter du dich aus deiner Sicherheitszone wagst, desto wohler fühlst du dich. Nimm dir ein Beispiel an der Fliege: Sie ist viel kleiner als du, und trotzdem raubt sie dir den letzten Nerv, weil du sie nicht erwischst. Größe ist also nicht entscheidend. Mach es wie sie: Vertraue auf deine Fähigkeiten und begegne den Herausforderungen frohen Mutes. Gute Nacht.«

Ravi rollte sich ganz klein unter der Zeder zusammen. »Ich bin ein starker Tiger«, sprach er sich selbst Mut zu. Ein seltsames Geräusch ließ ihn zusammenzucken. Was, wenn er nicht allein hier oben war? Er hielt den Atmen an. Klang das nicht wie das Hecheln eines Tigers? Zwei Lichter blitzten am Waldrand auf. »Hallo, ist da jemand?«, wisperte er in die Dunkelheit. Was, wenn die Hyänen Bal verraten hatten, wo er hingelaufen war? Was, wenn er auf einmal hier auftauchen würde, um zu verhindern, dass Amba ihn für die Wettjagd vorbereitete? Die Angst war zurück und hatte ihn im Würgegriff. Beunruhigt drückte er seinen Rücken gegen den Stamm und kämpfte mit zusammengekniffenen Augen gegen die Müdigkeit, während ein eiskalter Wind über das Plateau peitschte und ihm unters Fell kroch.

»Ch… ch… ch… ch…« Er spitzte die Ohren. Da war es wieder, dieses Hecheln, nur viel näher. Erschrocken sprang er auf. Aus dem Hecheln wurde ein Fauchen. Wie hatte er ihn bloß gefunden? »Ich will nach Hause in mein Erdloch«, rief er verzweifelt in die Dunkelheit und hastete weg. Kurz vor dem Abhang stolperte er und überschlug sich. »Warum hilft mir denn keiner?«, winselte er. Als er den heißen Atem seines Verfolgers im Nacken spürte, schrie er: »Du kannst alles haben! Ich gebe auf!« Dann packte ihn eine riesige Pranke an der Schulter. »Rwaaar«, entfuhr Ravi ein letzter herzerweichender Schrei.

Um deinen Spielraum zu vergrößern, musst du dich auf Neuland wagen.

Denke in Möglichkeiten und Lösungen, nicht in Hindernissen und Katastrophen.

Ein Meisterjäger findet einen Weg, ein Schmusetiger Ausflüchte.

Ein wahrer Meister beherrscht sich selbst.

Siehst du in diesen Augen Angst?

Du hast viel mehr Kraft, wenn du nicht das Hindernis, sondern das Ziel dahinter siehst.

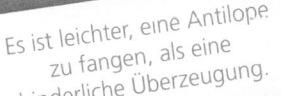

Es ist leichter, eine Antilope zu fangen, als eine hinderliche Überzeugung.

Dritte Nacht

KAMPFGEIST

Der Tiger hat ein dickes Fell und bleibt bis zur Schmerzgrenze hartnäckig. Er weicht zurück, aber gibt nicht auf.

»Wieso brüllst du denn so?« Amba rüttelte ihren Schüler, der auf dem Rücken liegend mit den Pfoten um sich schlug. »Es ist nichts passiert. Du hast nur geträumt.«

Verschreckt fuhr Ravi hoch und rief: »Wo? Wie? Was?« Er rieb sich die Augen und fragte: »Was machst du denn hier?«

»Nachdem ich bis zum Mittag vergeblich vor der Höhle auf deine Rückkehr gewartet hatte, hielt ich es für besser, nach dir zu schauen.«

Der Tiger blinzelte in die grelle Nachmittagssonne, um sich zu orientieren. Er schüttelte sich. Doch auch das half ihm nicht, sich von Bals mächtigem Geist, der ihn bis in die Berge verfolgt hatte, zu befreien. Die Angst, keine Chance gegen den starken und erfahrenen Tiger zu haben, war zurückgekehrt und hatte wieder Besitz von ihm ergriffen. Mit einem Seufzer vergrub er den Kopf zwischen den Pfoten. »Das Revier ist verloren. Für immer. Wie soll ich das bloß meinem Vater erklären?« Als ihm einfiel, dass der verschleppt worden war, sagte er leise: »Wenn er überhaupt noch am Leben ist.«

»So ein Unfug! Dass du hier Trübsal bläst, würde deinem Vater nicht gefallen. Und es hilft weder ihm noch dir weiter. Wahrscheinlich plant er gerade seine Flucht oder ist schon auf dem Weg zurück in den Dschungel. Ein Tiger gibt sich nicht so leicht geschlagen. Wenn sich jemand aus einer misslichen Lage zu befreien versteht, dann Ravinder. Und was dich betrifft, so hast du doch bereits ein paar Erfolge zu verzeichnen, seit du gekommen bist.«

Ihr Schüler spitzte die Ohren. Zu gern wollte er den Worten der weisen Tigerin Glauben schenken.

»Du hast gegen einen dicken Ast gekämpft«, fuhr Amba fort, »und – Albtraum hin oder her – eine Nacht allein auf einem einsamen Hochplateau verbracht. Hätte dir das jemand vor ein paar Tagen erzählt, hättest du geglaubt, dass du dazu in der Lage bist?«

Ravi schüttelte den Kopf. Dann setzte er sich auf und füllte seine Lunge mit frischer Bergluft. Ein wohliges Gefühl machte sich in ihm breit. Vielleicht war es ja noch nicht zu spät, der Tiger zu werden, der er so gern sein wollte. Bisher hatte er immer nur gesehen, was nicht funktionierte. Nicht aber das, was er schon erreicht hatte – und das war für einen Tiger mit Dschungeltrauma eine Menge in der kurzen Zeit in den Bergen.

»Auf die Gefahr hin, dass ich mich wiederhole: Du hast alle Anlagen, um Bal zu besiegen. Ich muss dir keine Techniken beibringen, solange du deinen Fähigkeiten und deinem natürlichen Jagdinstinkt folgst. Wer aufgibt, bevor er angefangen hat, ist nicht bereit für den Erfolg. Wer dranbleibt, schon. Die Jagd wird nicht von den Schnellsten, sondern von den Beharrlichsten gewonnen.« Sie lief zum Rand des Plateaus und rief: »In dieser Hinsicht hast du dein Potenzial noch nicht ausgeschöpft. Du lässt dich immer noch viel zu schnell verunsichern von den Schatten deiner Vergangenheit. Deshalb geht es in der heutigen Lektion um Durchhaltevermögen. Und dazu gehen wir an den Fluss. Komm!« Nach diesen Worten machte sie einen Satz in die Tiefe.

Wer aufgibt, bevor er angefangen hat, ist nicht bereit für den Erfolg.

Von der Klippe aus verfolgte Ravi ihren Weg über die Felsen bis zu einem schmalen Pfad, der sich durch den waldreichen Hang wand. Um seine flinke Lehrerin nicht aus den Augen zu verlieren, sprang er hinterher. Als er die Tigerin endlich eingeholt hatte, trabte er schweigend und in Gedanken versunken hinter ihr her. Es waren nicht die Probleme, die ihm im Weg standen. Es war seine Angst. Nur weil er das Jagen nicht gelernt hatte, hieß das noch lange nicht, dass aus ihm nie ein Jäger werden würde. Vielleicht hatte Amba das mit Durchhaltevermögen gemeint: Er musste durch die Angst gehen, um sie zu besiegen. Er spannte die Schultern an und lief die letzten Meter bis zum Fluss mit festen Schritten.

Amba patrouillierte eine Weile am Wasser entlang, bis sie eine Gruppe von Sambars entdeckte, die am anderen Ufer am Waldrand grasten. Als die Hirsche die Tiger witterten, stoben sie auseinander und verschwanden im Wald. Die weiße Tigerin kletterte auf einen langen Baumstamm, der umgekippt war und ins Wasser ragte. Von dort aus hatte sie einen guten Überblick über die Beschaffenheit des Flusses. Sie bedeutete ihrem Schüler, es ihr gleichzutun.

»Deine dritte Aufgabe ist etwas trickreich«, sagte sie, als Ravi neben ihr saß. »Wenn sie wiederkommen, musst du einen dieser Sambars erbeuten.«

Erleichtert atmete Ravi auf. Hatte er doch befürchtet, ein Krokodil jagen zu müssen.

»Dazu darfst du dich aber nicht auf ihrer Seite des Flusses auf die Lauer legen«, fügte sie mit einem schalkhaften Grinsen hinzu.

»Ich wusste, die Sache würde einen Haken haben«, stöhnte er leise auf.

»Du wolltest jagen, jetzt tu es auch. Es wird allerdings eine Weile dauern, bis sich deine Beute wieder aus dem Wald traut.«

Entschlossen, seiner Lehrerin endlich zu beweisen, dass er in den letzten beiden Nächten etwas gelernt und ein anderer geworden war, sprang Ravi vom Baumstamm herunter und lief zum Wasser. »Die Jagd vom Ende her denken«, überlegte er laut, während er am Ufer auf und ab lief. Dann sagte er mit fester Stimme: »Es macht keinen Sinn, hier auf der Lauer zu liegen. In einem Satz kommt man da nicht rüber.« Er blieb stehen. »Und wenn ich durchs Wasser schwimme, verschrecke ich die scheuen Tiere.« Er drehte sich zu Amba: »Das funktioniert so nicht. Ich muss mich vom anderen Ufer aus heranpirschen.«

»Nein«, entgegnete Amba bestimmt. »Drüben ist die Deckung viel zu schlecht. Deine Beute ist nicht dumm. Die Sambars wissen, dass ein Tiger in der Nähe ist, und halten sich vom Gebüsch fern. Denk weiter nach, wie du ans Ziel kommst!«

»Hm … Ich könnte mich im Wasser auf die Lauer legen.« Er verzog das Gesicht bei dem Gedanken, so lange im eiskalten Fluss sitzen zu müssen, bis die Tiere sich wieder sicher genug fühlten, dass sie erneut ans Ufer kamen. »Aber da frieren mir ja die Pfoten ab«, brachte er entsetzt hervor.

»Wie anstrengend eine Aufgabe wird, kannst du nicht beeinflussen. Ob du unter der Anstrengung leidest, schon. Hör auf zu jammern und fang endlich an, sonst gibt es heute wieder nichts zu fressen!«

Mit finsterer Miene stakste Ravi ans Ufer und streckte eine Pranke ins Wasser. Er war bereit gewesen, seine Angst zu überwinden, und nun musste er sich mit dem Fluss rumschlagen. Das eiskalte Wasser ließ seinen Atem stocken. Als er sich vom ersten Schock erholt hatte, stieg er mit nicht zu übersehendem Widerwillen ins Wasser, das ihm bis zum Bauch reichte, und schwamm so schnell er konnte zur anderen Seite, wo er sich einen halben Meter vom Ufer entfernt hinsetzte. Obwohl seine Gliedmaßen mit

Wie anstrengend eine
Aufgabe wird, kannst du
nicht beeinflussen.
Ob du unter der
Anstrengung leidest, schon.

der Zeit ganz steif wurden, harrte er in dieser Position aus. Nach einer Stunde Warten wurde seine Geduld belohnt. Erst raschelte es im Gebüsch, dann näherte sich ein Sambar langsam dem Ufer. Um sprungbereit zu sein, spannte der Tiger die Muskeln seiner Hinterläufe an. Sein Schwanz zitterte vor lauter Aufregung. Nur noch wenige Meter trennten Jäger und Beute. Jetzt zeig ich dir, was in mir steckt, dachte Ravi, und spürte gleich darauf einen stechenden Schmerz in der rechten Hinterpfote. Ein Krampf. Kein Wunder bei der Kälte, er war schließlich ein Dschungel- und kein Flusstiger. So geräuschlos wie möglich hob er sein Hinterteil und schüttelte die schmerzende Pfote unter Wasser. Schließlich stand heute sein Durchhaltevermögen auf dem Prüfstand. Und er war seinem Ziel so nah wie nie zuvor. Sambars waren hervorragende Schwimmer. Wenn er noch ein bisschen ausharrte, würde eines der Tiere vielleicht sogar ins Wasser kommen. Er sah sich bereits, wie er mit der fetten Beute im Maul ans Ufer lief und seiner Lehrerin den Fang vor die Pfoten legte. Ein Grinsen machte sich auf seinem Gesicht breit. Was würde Amba wohl dazu sagen, wenn er gleich beim ersten Versuch erfolgreich war?

Ein monotones Surren riss ihn aus seinen Träumen.

»Du schon wieder«, raunte Ravi durchs fast geschlossene Maul der Fliege zu, die auf der Suche nach einem Logenplatz für das bevorstehende Jagdspektakel den Kopf des Tigers umkreiste. »Geh weg!« Das Insekt landete draufgängerisch auf seinem rechten Ohr. Weder ein lautloses Zucken noch die Luft, die er mit einem leisen »Pffffff« nach oben ausprustete, schufen Abhilfe. Die Fliege rührte sich nicht von der Stelle. Verärgert über den mangelnden Respekt gegenüber einem Tiger wollte er eine Pfote aus dem Wasser ziehen, um nach ihr zu schlagen, besann sich aber gerade noch eines Besseren. Es ließ sich nicht ausschließen, dass Amba die Fliege herbestellt hatte, um ihn zu prüfen. Aus den Augenwinkeln blinzelte er zum Baumstamm, wo seine Lehrerin sein Treiben verfolgte. Aus der Ferne schien es, als hätte ihr Gesichtsausdruck eine gewisse Heiterkeit.

»Nicht nachlassen!«, murmelte die weiße Tigerin kaum hörbar vor sich hin. »Wenn etwas nicht sofort klappt, heißt das nicht, dass es nie klappt. Es kann sich höchstens um Stunden handeln.«

Die Fliege schwebte unbeschwert von einem Ohr zum anderen, ließ sich nieder und hob dann wieder ab. Dieses Spiel wiederholte sie dreimal, sehr zum Leidwesen des Tigers unter ihr. Jedes Mal aufs Neue berechnete er ihre Flugbahn, obwohl er gar nicht vorhatte, sie zu fangen. Vor lauter Ärger über den Störenfried vergaß er den Grund, warum er im Fluss saß. Als die Fliege zum vierten Mal um seinen Kopf sauste, riss ihm der Geduldsfaden. »Na warte, dich krieg ich, du kleines Biest«, fauchte er und sprang mit einem Satz aus dem Wasser. In der Luft griff er mit beiden Pfoten nach dem Insekt, verfehlte es jedoch um wenige Zentimeter und schlug ins Leere. Mit einem lauten Platschen fiel er kopfüber ins Wasser. Die Sambars verzogen sich blitzartig wieder in den Schutz des Waldes. Nach Luft schnappend kämpfte sich Ravi mit zusammengekniffenen Augen an die Oberfläche und paddelte ans Ufer. Beim Herauskrabbeln rutschte er zweimal an einem glitschigen Stein ab und fiel zurück in den Fluss. Als er sich endlich aus seiner misslichen Lage befreit hatte und im Trockenen stand, hustete und spuckte er das Wasser heraus, das er verschluckt hatte.

»Bravo, das nenne ich eine Meistertaufe!«, applaudierte Amba von ihrem Hochsitz aus. Klamm und durchweicht schüttelte sich Ravi das Wasser aus dem Fell.

»Hey, pass doch auf! Du machst mich ja ganz nass!«

»Wer hat die ganze Zeit im eiskalten Fluss gesessen? Du oder ich?«

»Uhhh, da hat aber jemand schlechte Laune.«

Wenn etwas nicht sofort klappt, heißt das nicht, dass es nie klappt.

»Ich hab es wirklich probiert«, versuchte Ravi der möglichen Kritik seiner Lehrerin zuvorzukommen. »Aber es klappt einfach nicht, vom Wasser aus zu jagen.« Deprimiert und verärgert über sich selbst vermied er jeden Blickkontakt.

»Eine Aufgabe gilt erst dann als gescheitert, wenn du aufgibst. Wie kann ich dir das nur erklären? Hm...« Die weiße Tigerin ließ ihren Blick über den Fluss schweifen, bis er an einem Felsen im Wasser hängen blieb. »Siehst du die großen Steine im Fluss, die an den Seiten schon ganz abgetragen sind?«

Ravi nickte, wenngleich er sich im Stillen fragte, was das jetzt wieder mit der Lektion zu tun hatte.

»Wasser lamentiert nicht, es weicht nicht zurück und bleibt nicht stehen. Beharrlich und ausdauernd bahnt es sich seinen Weg um jeden noch so großen Stein. Es fließt einfach weiter.« Weil Ravi sie nur ratlos anschaute, ergänzte sie: »Was ich damit sagen will: Mach es wie das Wasser. Bleib im Fluss und stell dir vor, wie zufrieden du sein wirst, wenn du es geschafft hast.« Ein Lächeln überzog ihr Gesicht ob dieser doppelsinnigen Schlussbemerkung.

Ravi, dem die Pointe nicht entgangen war, trabte ergeben ins Wasser zurück. Eine weitere Stunde verging, in der er aufmerksam den Wald beobachtete, bis seine Geduld belohnt wurde. Einer der Sambars tauchte wieder auf und lief direkt auf die Stelle zu, wo der Tiger reglos im Wasser saß. Wie gut, dass das Knurren seines Magen unter Wasser nicht zu hören war. Diesmal war die Beute so gut wie gemacht. Weil sein Hinterteil kitzelte, wischte Ravi gedankenverloren mit der Pfote an seiner Flanke entlang. Als das Kitzeln nicht aufhörte, schaute er auf den Grund des Wassers, wo sich gerade etwas sehr Langes um ihn herumwand. Eine Schlange! Angewidert sprang er auf und hopste um sich schlagend ans Ufer zurück. Der grasende Hirsch blickte alarmiert auf und floh in den Wald.

»Und was war es diesmal?«, fragte Amba ermattet, kaum war ihr Schüler aus dem Wasser. Sie schnaufte schwer aus und fügte hinzu: »Wenn du so weitermachst, wird das heute nichts mehr mit Fressen. Der Jäger muss für seine Beute unberechenbar bleiben. Wiederholst du immer den gleichen Fehler, lernt sie dazu und bleibt fern.«

»Aber da war eine riesige Schlange …«, stammelte der nasse Tiger und breitete zur Bekräftigung seiner Worte die Vorderpfoten aus.

»Das war eine Wasserschlange. Die sind harmlos …«, stöhnte Amba und zog verstimmt die Augenbrauen hoch. »Und jetzt geh wieder auf deinen Posten zurück, sonst sind wir im Morgengrauen noch hier.«

Ravi setzte eine Tatze ins Wasser, dann blieb er stehen und schnüffelte herum. Wie ärgerlich! Jetzt musste er wegen der blöden Schlange noch einmal ganz von vorn anfangen. Dabei war bis eben alles so gut gelaufen. Die letzte Stunde hatte er das kalte Wasser fast vergessen, weil er völlig in seiner Aufgabe aufgegangen war.

Lautstark trommelte Amba mit ihren Krallen auf den Baumstamm. Da ihr Schüler keine Anstalten machte, ins Wasser zu steigen, sagte sie ungeduldig: »Los, mach endlich! Ein Meisterjäger jagt so lange, bis er Beute gemacht hat.«

»Hätte mich die dämliche Fliege, äh, ich meine die Schlange nicht gestört, wäre ich schon längst fertig …«, versuchte er sich zu rechtfertigen.

»Keine Entschuldigungen, keine Ausreden«, sagte sie streng. »Für das, was du tust oder lässt, trägst allein du die Verantwortung. Niemand sonst. Die Entscheidung, worauf du deine Aufmerksamkeit richtest, liegt bei dir: auf die Aufgabe oder eine Störung. Du hast zugelassen, dass du dich zweimal aus der Ruhe bringen lässt von einem Tier, das viel kleiner ist als du.«

Was du heute
falsch machst,
hilft dir morgen
als Erfahrung.

Ambas scharfe Worte trafen den Tiger bis ins Mark. Wieder kam ihm die Grube in den Sinn. Auch da hatte er sich von der ersten Störung aus dem Konzept bringen lassen. Dabei war er im tiefsten Inneren davon überzeugt gewesen, dass diese Jagdstrategie funktionieren konnte. Und die Grube hatte sich – kritische Stimmen hin oder her – in der Praxis noch gar nicht als Misserfolg erwiesen. Er ließ völlig resigniert die Ohren hängen. Vielleicht war es ja ein Fehler gewesen, sich so früh geschlagen zu geben.

»Kopf hoch!«, versuchte ihn Amba zu trösten. »Wo keine Fehler gemacht werden, gibt es auch keinen Fortschritt. Selbst der stärkste Tiger braucht bis zu zehn Anläufe, um Beute zu machen. Würde er nach dem ersten Versuch aufgeben, ginge er jede Nacht hungrig schlafen. Das Leben läuft nicht immer perfekt. Lass dich nicht von Fehlern oder Kritik einschüchtern, sondern mach sie dir zunutze. Durchhaltevermögen bedeutet auch, dein Tun immer wieder zu hinterfragen und herauszufinden, wo deine Schwachpunkte liegen und was du besser machen kannst. Was du heute falsch machst, hilft dir morgen als Erfahrung. Immer vorausgesetzt, du lernst etwas daraus. Egal, wie oft ein Tiger eine Aufgabe wiederholen muss, er bleibt hartnäckig, bis er sein Ziel erreicht hat.«

Ravi biss die Zähne zusammen und stieg in den kalten Fluss, wo er, den Waldrand fest im Blick, zwei weitere Stunden sitzen blieb. Irgendwann glitt die Schlange wieder vorbei und wand sich um sein Hinterteil. Vorsichtig peitschte er unter Wasser mit dem Schwanz nach ihr und fuhr, als sie nicht verschwinden wollte, die Krallen seiner Vorderpfoten aus, sodass sie schließlich Reißaus nahm.

»Lass uns gehen«, rief Amba kurz vor Morgengrauen und fügte, als ihr Schüler nicht aus dem Wasser steigen wollte, hinzu: »Die kommen heute nicht wieder. Und ich habe Hunger!«

Ein Meisterjäger
macht den
gleichen Fehler
nicht zweimal.

Als sie wieder bei der Höhle waren, machte sich Amba schmatzend über die Reste ihrer alten Beute her. Nach der langen Nacht am Fluss hatte sie sich, wie sie fand, die Stärkung redlich verdient. Als sie fertig war, legte sie sich vor den Höhleneingang, leckte sich das Maul und sagte schließlich zu ihrem Schüler, der sich schmollend auf sein Lager zurückgezogen hatte: »Lass dich nicht von Rückschlägen entmutigen. Morgen versuchst du es noch einmal, aber anders. Ein Meisterjäger macht den gleichen Fehler nicht zweimal. Und jetzt ruh dich aus, um für die morgige Aufgabe fit zu sein.«

Ravi hatte sich zur Felswand gedreht, um nicht zusehen zu müssen, wie sich seine Lehrerin vollfraß. Obwohl er seit Tagen nichts mehr in den Bauch bekomme hatte, war er zu stolz, noch einmal zu fragen, ob sie ihm etwas abgab. Dabei hatte er die ganze Nacht hart gearbeitet. Nur leider ohne Erfolg.

Amba war ganz anderer Meinung. Sie war zufrieden mit der Leistung ihres Schülers, auch wenn er ohne Beute zur Höhle zurückgekehrt war. Er hatte heute eine weitere wichtige Lektion gelernt: Kampfgeist. Davon brauchte er jede Menge, um bei der Wettjagd überhaupt eine Chance zu haben. Dieser Bal war ein skrupelloser Kerl und zu allem fähig … Sie schüttelte sich angewidert. Vielleicht unterschätzte Ravi ja die Lage. Sie rappelte sich auf und lief zum Felsvorsprung. »Sag mal«, fragte sie, ihren Schüler rüttelnd: »Hast du eigentlich schon einmal überlegt, was du tust, wenn Bal nicht mit fairen Mitteln kämpft?«

Wer aufgibt, bevor er angefangen hat, ist noch nicht bereit für den Erfolg.

Wie anstrengend eine Aufgabe wird, kannst du nicht beeinflussen. Ob du unter der Anstrengung leidest, schon.

Wenn etwas nicht sofort klappt, heißt das nicht, dass es nie klappt.

Was du heute falsch machst, hilft dir morgen als Erfahrung.

Ein Meisterjäger macht den gleichen Fehler nicht zweimal.

Vierte Nacht

KONZENTRATION

Der Tiger wählt den günstigsten Weg zum Erfolg. Er konzentriert sich auf das, womit er die größte Wirkung erzielt, und schlägt im richtigen Moment zu.

Bis zum Vormittag wälzte sich Ravi unruhig auf seinem Lager hin und her und grübelte. Wieso sollte Bal nicht mit fairen Mitteln kämpfen? Hätte er doch nur schneller auf Ambas Frage reagiert. Vielleicht wäre sie dann nicht sofort ohne weitere Erklärung in ihre Höhle verschwunden. Immer wieder rief er sich die Ereignisse der schrecklichen Nacht ins Gedächtnis, als sein Vater verschwunden war und Bal ihm das Ultimatum gestellt hatte. Nichts wies darauf hin, dass er etwas anderes im Sinn hatte als eine Wettjagd. Warum sollte er auch? Der Vorschlag war ja von ihm selbst gekommen. »Schluss, Ravi!«, vertrieb er seine Sorge mit der strengen Stimme seiner Lehrerin. »Beschäftige dich lieber damit, wie du den Sambar erbeutest. Wenn du das nicht schaffst, brauchst du gar nicht erst zur Wettjagd antreten. Hm. Wie stelle ich das bloß vom Wasser aus an?« In Gedanken jagte er wieder und wieder durch die Fluten, bis er, als es längst hell war, erschöpft in einen tiefen und traumlosen Schlaf sank, der jedoch jäh endete, als ihn Amba am späten Nachmittag nach einem Rundgang durch ihr Revier aufweckte.

»Hey, Schlafmütze! Wach auf! Oder willst du die nächste Lektion verpassen?«

Müde streckte Ravi alle viere von sich und rappelte sich gähnend auf. Dann folgte er Amba auf die Wiese, wo eine große Kokosnuss lag. Verwundert rieb er sich die Augen und sagte: »Die wachsen doch gar nicht hier oben.«

»Ist hier jemand, der das behauptet?« Die weiße Tigerin blickte sich mit gespieltem Erstaunen um und kam ohne Umschweife zum Thema: »Das ist deine nächste Aufgabe. Mach die Kokosnuss auf.«

»Aber ich wollte doch zurück in den Fluss, um meine dritte Aufgabe zu erledigen!« Die Enttäuschung stand dem Tiger ins Gesicht geschrieben, bedeutete dieses Unterfangen doch so etwas wie eine Bewährungsprobe. »Bitte«, flehte er, »ich muss das schaffen, um die Wettjagd zu gewinnen.«

»Dein frisch erwachter Eifer in allen Ehren. Aber meinst du nicht, dass du deine Zeit verschwendest, wenn du immer wieder auf die gleiche Weise nicht ans Ziel gelangst?«

»Du hast doch gesagt, ich soll ausharren«, verteidigte sich Ravi trotzig.

Sie gab ihrem Schützling eine Kopfnuss und sagte: »Wenn dich dein Plan nicht ans Ziel führt – wie gestern –, dann ist nicht die Perfektionierung des Plans die Lösung, sondern Flexibilität. Beharrlichkeit bedeutet zwar, hartnäckig an einer Sache dranzubleiben, bis du sie zu Ende gebracht hast. Aber nicht zwangsläufig, ewig im kalten Wasser herumzusitzen. Damit vergeudest du bloß deine Kraft. Versuch die Aufgabe anders zu lösen.«

Ravi rieb sich demonstrativ den Kopf, während er überlegte, ob es angezeigt war, nachzufragen, was das eine mit dem anderen zu tun hatte. Da er keine zweite Kopfnuss riskieren wollte, verzichtete er darauf. Vielleicht wollte seine Lehrerin ja nur testen, ob er aus der Aufgabe mit dem Ast gelernt hatte. Er spuckte in die Pfoten und rieb sie aneinander. Dann atmete er einmal tief ein und schlug mit dem Ausatmen so fest er konnte mit der rechten Pranke auf die Kokosnuss. Sie blieb ganz und rollte ein Stückchen weg.

»Na wunderbar«, säuselte Amba, »da hast du wieder eine hilfreiche Erfahrung gemacht.«

»Ach ja?« Ravi setzte sich verärgert hin.

»Ein Meisterjäger investiert nicht all seine Kraft, sondern lenkt sie geschickt auf den wirkungsvollsten Punkt.« Sie kickte die Kokosnuss zu ihrem Schüler. »Weil der Schlag mit der flachen Pranke nicht konzentriert war, ist seine Wirkung verpufft. Es empfiehlt sich, darüber nachzudenken, wie du deine Kraft bündelst, damit du sie bestmöglich investierst.«

Ravi schnappte sich die Kokosnuss und drehte sie behutsam zwischen den Pfoten. Sie sah, einmal abgesehen von den drei Augen, überall gleich aus. An welcher Stelle ließ sich an etwas Kugelrundem die größte Wirkung erzielen? Während er die Frucht abtastete und mit einer Kralle gegen die Schale klopfte, kam ihm eine Idee. Er legte sie auf den Boden und schlug erneut darauf, diesmal aber mit der Kante seiner Pranke. Die Kokosnuss machte einen Satz und kullerte zur Seite.

»So ein Mist!«, rief er und verpasste der Frucht einen Tritt, worauf sie beschleunigte und auf den Abhang zurollte. Um sie zu erwischen, bevor sie hinunterfiel, rannte er hinterher. Vergeblich. Sie rollte über die Klippe, schlug ein paar Meter weiter unten auf einer Felskante auf – und zerbrach in zwei Teile. Verdutzt blickte der Tiger in die Tiefe, bis ihm auf einmal dämmerte, was soeben passiert war. »Ich glaube, dein Schüler macht Fortschritte«, rief er Amba mit einem Grinsen zu. »Es könnte sein, dass er seine Lektion bereits beim zweiten Versuch verstanden hat.« Er sprang nach unten und griff sich die zwei Hälften mit dem Maul. Dann kletterte er den Hang wieder hoch, legte Amba die Kokosnusshälften vor die Pfoten und sagte: »Ein spitzer Stein hätte die Kraft meiner Pranke verstärkt.«

Ein Meisterjäger investiert nicht all seine Kraft, sondern lenkt sie geschickt auf den wirkungsvollsten Punkt.

Wenn du den Fluss erreicht hast, kannst du überlegen, wie du ihn überquerst.

»Sehr gut!«, entgegnete die Tigerin nicht ohne Stolz auf ihren Schützling. »Jetzt können wir an den Fluss gehen.«

Auf dem schmalen Trampelpfad, der über den Abhang und durch den Wald in die Schlucht führte, spielte Ravi aufgeregt unzählige Jagdszenarien durch. Erst wollte er in der Mitte des Flusses sitzend ausharren, dann zur anderen Seite tauchen. Nach einer Weile wurde Amba das Geplapper zu viel. »Stopp!«, fauchte sie. »Du zerbrichst dir den Kopf, obwohl du noch gar nicht weißt, welche Bedingungen du am Fluss vorfindest. Vielleicht hat es heute Nacht weiter oben in den Bergen geregnet, dann ist aus dem ruhigen Wasser ein reißender Strom geworden. Wenn du den Fluss erreicht hast, kannst du überlegen, wie du ihn überquerst. Schau dich aufmerksam um, sobald du da bist, und du findest den günstigsten Weg, um Beute zu machen. Nicht schon vorher.«

Am Ufer angekommen, tat Ravi wie geheißen. Langsam ließ er seinen Blick über den Fluss gleiten. Alles war noch so wie in der Nacht zuvor. Wieso sollte er also nach einer neuen Strategie suchen, um schnell und lautlos auf die andere Seite zu gelangen? Nervös watete er durch das flache Wasser am Rand, um sich schon einmal an die Kälte zu gewöhnen.

»So wird das nichts«, unterbrach Amba seine Bemühungen. »Du brauchst ein praktisches Beispiel. Komm mit in den Wald, wir statten einem guten Bekannten einen Besuch ab.«

Als sie eine Weile in Richtung Tal durchs Gehölz gelaufen waren, ließ sich Amba plötzlich hinter einem Gebüsch fallen.

»Was machst du denn …«

»Psst«, brachte die weiße Tigerin ihren Begleiter zum Schweigen, krabbelte ein paar Meter durchs Dickicht und wies Ravi stumm an, es ihr gleichzutun. Kaum lag er neben ihr auf der Lauer, schob sie das Gebüsch mit der Pfote zur Seite, sodass die Sicht frei wurde auf einen über drei Meter hohen Elefantenbullen, der nach vorn geneigt das Buschwerk um einen meterhohen Meerrettichbaum herum abfraß.

»Pass gut auf, was gleich passiert«, zischte sie.

Während der Dickhäuter sich über die Blätter hermachte, die er aufrecht stehend erwischte, fragte sich Ravi zum x-ten Mal, wozu diese Erfahrung nun wieder gut sein sollte. Was hatte ein Elefant mit der Wettjagd zu tun? Wollte Amba etwa, dass er den Bullen erbeutete? Bei dem Gedanken fing sein Herz an zu rasen. Auch wenn er in den vergangenen drei Nächten viel gelernt hatte, fühlte er sich einer solchen Herausforderung nicht gewachsen. So betrachtet schien Bal beinahe die harmlosere Alternative. Angespannt blickte er zu seiner Begleiterin, der keine noch so kleine Bewegung des Elefanten zu entgehen schien. Oder hatte sie am Ende vor, den Dickhäuter selbst zu jagen?

Nachdem der Elefant die wenigen Äste, die sich auf Augenhöhe befanden, vom Grünzeug befreit hatte, streckte er seinen Rüssel nach oben in die Baumkrone zu den frischen Trieben, die an den Spitzen der Zweige wuchsen. Gerade als Ravi überlegte, wie viel wohl in so einen Elefantenmagen passte, fokussierte Amba die Aufmerksamkeit ihres Schülers mit einem leisen »Achtung« auf das, was sich vor ihnen abspielte.

Da der Elefant im Stehen nicht bis zur Baumkrone gelangte, erhob er sich ganz langsam und balancierte sein ungeheures Gewicht auf den Hinterbeinen, während er mit dem Rüssel einen Zweig nach dem anderen abriss, sich ins Maul schob und zermalmte. Als er satt war, kam er wieder auf allen vieren zum Stehen und trottete zwischen den Bäumen davon.

»Dieser Elefant hat locker das zehnfache Gewicht eines Tigers. Aber statt den Baum mit Gewalt niederzureißen, um an sein Fressen zu kommen, tänzelt er fast so geschmeidig wie eine Wildkatze auf seinen Hinterpfoten«, rief Ravi verblüfft, als das Tier verschwunden war. Und von einem Moment zum anderen traf ihn die Erkenntnis wie ein Blitz. »Jetzt weiß ich, was du mir seit Stunden erklären willst«, rief er freudig von sich selbst überrascht. »Der günstigste Weg zum Erfolg ist nicht immer der naheliegendste.« Er schlug sich mit der Pfote an die Stirn, als wollte er sich selbst eine Kopfnuss verpassen. »Warum bin ich nicht gleich darauf gekommen?« Ohne Ambas Reaktion abzuwarten, rannte er nach oben in Richtung Fluss. Die weiße Tigerin musste sich sputen, um ihrem Schüler, der noch wenige Tage zuvor kaum mit ihr hatte Schritt halten können, zu folgen. Am Ufer kletterte Ravi auf den Baumstamm, der ins Wasser ragte, und schaute prüfend über den ruhig dahinfließenden Strom. Warum war ihm das nicht schon in der Nacht zuvor aufgefallen? Als Amba ihm erklärt hatte, dass er wie das Wasser im Fluss bleiben sollte, hatte er nur seine vor Kälte schmerzenden Pfoten im Sinn gehabt. Die großen Steine, über die sich das andere Ufer mühelos und fast trocken erreichen ließ, hatte er gar nicht bemerkt. Weil er so mit den unangenehmen Begleiterscheinungen des nahe liegenden Wegs auf die andere Seite beschäftigt gewesen war, war ihm der günstigste Weg entgangen, obwohl er sich die ganze Zeit vor seiner Schnauze befand. Er legte sich auf dem Stamm auf die Lauer. Diesmal wollte er vorbereitet sein, wenn die Sambars wieder auftauchten.

Nicht ohne eine gewisse Genugtuung betrachtete Amba das Treiben ihres Schützlings von ihrer Deckung im hohen Gras aus. Das war der Moment, den sie als Lehrerin am meisten liebte: Wenn dem Schüler ein Licht aufging, worum es bei der Jagd wirklich ging. Wenn er lernte, die eigenen Kräfte und die Gegebenheiten der Natur erfolgreich zu nutzen. Bei den meisten dauerte dieser Erkenntnisprozess nur ein paar Tage. Manche Tiger brauchten etwas länger, was nicht weiter tragisch war. Es war noch nie vorgekommen, dass das Jagdwissen ihrer Vorfahren keine Früchte getragen hätte. »Jeder Tiger braucht seine Zeit«,

Der günstigste
Weg zum Erfolg
ist nicht immer der
naheliegendste.

murmelte sie zufrieden und legte sich zur Seite, um sich ein wenig vor dem großen Moment auszuruhen. Egal wie lange es dauerte, bis die Sambars auftauchten, Ravi war so weit, Beute zu machen.

Als der Mond den höchsten Stand am Himmel erreicht hatte, tauchte das erste Beutetier am Waldrand auf. Um sprungbreit zu sein, richtete sich Ravi ein klein wenig auf. Durch diese Bewegung kam der Stamm leicht ins Wanken, was wiederum das Wasser unter ihm mit einem leisen Plätschern in Bewegung brachte. Die Sambars zogen sich von dem Geräusch alarmiert in die Deckung des Waldes zurück.

Amba, die vom Lärm der fliehenden Hirsche geweckt worden war, hob den Kopf und kommentierte: »Gute Gelegenheiten sind wie flinke Tiere. Sie verflüchtigen sich, wenn man zu schnell, zu langsam oder zu laut ist. Aber keine Sorge. Du bist damit nicht allein. Das Handeln zum richtigen Zeitpunkt ist für jeden Tiger eine große Herausforderung. Auch du wirst sie meistern.«

»Aber wie?«, fragte Ravi, frustriert darüber, dass er trotz seiner Anstrengung wieder nicht erfolgreich gewesen war.

»Erfolg ist auch eine Frage des richtigen Timings. Blinder Aktionismus führt nämlich genauso wenig ans Ziel wie Unentschlossenheit. Springst du zu schnell aus deiner Deckung, vertreibst du die Beute, bevor sie nah genug ist. Dann musst du dich in einer anstrengenden Hetzjagd verausgaben, um sie zu erwischen. Und der erfolgreiche Ausgang einer solchen Jagd ist ungewiss, weil Sambars sehr flinke Tiere sind. Aber auch mit Zögern und Zaudern verpasst du den Moment zum Absprung und deine Beute ist längst über alle Berge.«

»Pfff…«, pustete Ravi aus, um seinen Verdruss kundzutun. Aus dem Maul seiner Lehrerin klang das alles so einfach. Aber mitten auf der Jagd, die Beute fast vor der Schnauze, war es verzwickt, den richtigen Moment zu erkennen.

»Du musst dir schon Zeit nehmen, um aus dem Moment eine Gelegenheit zu machen«, erklärte Amba geduldig. »Beobachte genau, was um dich herum geschieht. Sei auch im Ruhezustand wachsam und lass dich nicht von Kleinigkeiten zerstreuen oder ablenken. Dann sagt dir dein angeborener Jagdinstinkt, wann der richtige Zeitpunkt für den Absprung gekommen ist.« Und mit Nachdruck fügte sie hinzu: »Ein Tiger vertraut seinem Instinkt und konzentriert sich auf die Macht des Augenblicks.«

Die Anweisung seiner Lehrerin hallte in Ravis Ohren nach. Es war nicht die Technik, die ihm fehlte, es war das Selbstverständnis des Jägers. Er hatte das unzählige Male an seinem Vater beobachtet. Ravinder ließ sich nie vom Hunger oder von der Müdigkeit zu einem voreiligen Satz hinreißen. Er wartete auf die richtige Gelegenheit. Dieser natürliche Spürsinn war auch in ihm angelegt und musste nur geschärft werden. »Auf ein Neues«, sagte sich Ravi, machte sich ganz klein auf dem Baumstamm, damit es so aussah, als würde er schlafen. Dabei behielt er mit halb geöffneten Augen den Waldrand im Blick. Amba machte es sich zufrieden im Gras bequem. Ihr Schüler war bereit für die Jagd. Für sie gab es nichts mehr zu tun.

Ravis gestreiftes Fell verschmolz mit der zerfurchten Rinde des Baumstamms. Reglos und konzentriert begutachtete der Tiger jeden Baum, jedes Gebüsch, jeden Grashalm. Diese Aufmerksamkeit vertrieb die Müdigkeit, die sich in der Stille der Nacht in ihm breitmachen wollte. Mehr als eine Stunde blieb das Bild vor seinen Augen unverändert. Dann blitzten auf einmal zwei Lichter zwischen den Bäumen auf. Die Augen eines Sambars, die das Mondlicht reflektierten. In einem ersten Impuls wollte Ravi aufspringen, doch eine innere Stimme, die der von Amba nicht unähnlich war, mahnte ihn: »Liegen bleiben! Lass die Beute nah genug kommen.« Kurze Zeit später schob ein Hirsch sein stattliches Geweih aus dem Dickicht heraus. Ravi

Gute Gelegenheiten sind wie flinke Tiere. Sie verflüchtigen sich, wenn man zu schnell, zu langsam oder zu laut ist.

Wer sich auf
das Wesentliche
konzentriert,
kann Unmögliches
erreichen.

schluckte. So ein Kaliber war auch für einen erfahrenen Tiger eine Herausforderung. Er atmete erleichtert auf, als ein zweiter, kleinerer Hirsch zwischen den Bäumen hervorsprang und zum Ufer lief, um zu trinken. Ohne sich zu bewegen, wartete Ravi und überprüfte noch einmal seinen Weg zur Beute: die zwei großen Steine im Wasser. Als der kleinere Sambar nah genug gekommen war, sprang er von seinem Hochsitz herunter und überquerte den Fluss in zwei Sätzen. Von ihrem Hinterhalt aus verfolgte Amba, wie der erschrockene Hirsch mit dem Tiger auf den Fersen im Wald verschwand. Kurz darauf hatte sich das aufgewirbelte Wasser wieder beruhigt. Nur das Knacken im Unterholz verriet, dass etwas im Gange war.

Nach einer Weile tauchte der Tiger mit seiner Beute im Maul wieder auf. Er schleppte seinen Fang ans andere Ufer und legte ihn Amba voller Stolz vor die Pfoten. Er hatte es geschafft. Er war ein richtiger Jäger geworden.

»Gut gemacht«, lobte ihn seine Lehrerin.

Als sich die beiden Tiger satt gefressen hatten, schleppten sie die Reste der Beute zur Höhle zurück und setzten sich anschließend an den Rand des Abhangs, wo sie nebeneinander den Blick auf das friedlich ruhende Gebirgsmassiv genossen. Ravi schnurrte zufrieden, weil er sich so wohl wie lange nicht in seinem Fell fühlte. Sein Bauch war wohlig warm gefüllt mit etwas, das er selbst erbeutet hatte. Auch an seine etwas ruppige Lehrerin hatte er sich schon beinahe gewöhnt. So ließ sich das Leben aushalten. Das musste das Glück des Jägers sein, von dem sein Vater so oft gesprochen hatte.

»Lass uns schlafen gehen«, brach die weiße Tigerin die Stille. »Du hast morgen einen weiten Weg vor dir und musst fit sein für die Wettjagd.«

Mit einem einzigen Satz verdrängte die Realität das Glücksgefühl ihres Schülers: Der Dschungel, Bal, das Ultimatum – was würde ihn morgen am Banyanbaum erwarten? »Ich wünschte, ich könnte hier blieben«, seufzte er und fügte, von seinem eigenen Gedanken überrascht, hinzu: »Wieso eigentlich nicht?«

Ohne zu antworten, stand Amba auf und ging langsam zu ihrer Höhle. Ihr ernsthafter Blick machte unmissverständlich deutlich, dass Ravi sich der größten Herausforderung seines bisherigen Lebens allein stellen musste. Vor dem Eingang drehte sie sich noch einmal um und sagte: »Warte nicht darauf, bis du so groß und stark und schnell bist, wie du glaubst sein zu müssen. Du weißt alles, was du wissen musst. Wer sich auf das Wesentliche konzentriert, kann Unmögliches erreichen. Die Sache wird schon schiefgehen.« Sie lächelte etwas gequält und setzte hinzu: »Und jetzt ruh dich noch ein wenig aus.«

Als sie weg war, verzog sich Ravi unter seinen Felsvorsprung. Doch an Schlaf war nicht zu denken. Unruhig wälzte er sich auf dem weichen Laub von einer Seite zur anderen, bis er – fast dankbar für die Abwechslung – das leise Surren der Fliege vernahm. Seine neue Freundin umschwirrte ihn und landete direkt vor seinen Pfoten auf dem Boden, als wollte sie ihn herausfordern, die Aufgabe, die er in der ersten Nacht von Amba erhalten hatte, doch noch zu meistern. Mit einem Schmunzeln flüsterte er dem Insekt zu: »Nimm dich in Acht! Ich habe meine Lektion gelernt.« Während er die Fliege beobachtete, konnte er spüren, wie sie sich nach und nach entspannte. Sie fühlte sich sicher, schoss es ihm durch den Kopf. Das war der richtige Moment. Blitzschnell sprang er auf, schnappte das Insekt und schloss es zwischen seinen Pfoten ein. Wieder auf seinen Hinterbeinen sitzend, öffnete er langsam die Pfoten und wisperte der Fliege ein »Danke« hinterher. Sie flog ein wenig irritiert davon, weil sie nicht damit gerechnet hatte, dass dieser Tiger so schnell so flink sein würde. Müde, aber glücklich ließ sich Ravi auf sein Lager fallen. Er hatte alle Aufgaben erfüllt.

Ein Meisterjäger investiert nicht all seine Kraft, sondern lenkt sie geschickt auf den wirkungsvollsten Punkt.

Wenn du den Fluss erreicht hast, kannst du überlegen, wie du ihn überquerst.

Der günstigste Weg zum Erfolg ist nicht immer der naheliegendste.

Gute Gelegenheiten sind wie flinke Tiere. Sie verflüchtigen sich, wenn man zu schnell, zu langsam oder zu laut ist.

Wer sich auf das Wesentliche konzentriert, kann Unmögliches erreichen.

Der letzte Morgen

KONSEQUENZ

Der Tiger gibt auf der Jagd stets sein Bestes. Entschlossen bringt er zu Ende, was er angefangen hat.

»Willst du dir die Pfoten bereits wund laufen, bevor du losgerannt bist?«, fauchte Amba aus ihrer Höhle, als sie kurz nach Sonnenaufgang von dem Lärm geweckt wurde, den ihr Schüler veranstaltete, weil er nervös prustend vor dem Eingang hin- und herlief. Mit einem leisen Stöhnen machte sie den Rücken lang und rief: »Wenn meine alten Knochen aufgewacht sind, gehen wir los. Ich begleite dich bis zum Fuß der Berge.«

Noch etwas steif setzte sie sich in Bewegung und wies Ravi an, ihr zu folgen. Die Fliege folgte den beiden Tigern mit etwas Abstand.

Als sie nach einem langen Abstieg endlich das Tiefland erreicht hatten, blieb Amba ermattet stehen. »Es ist Zeit, sich zu verabschieden«, keuchte sie. »Die Hitze des Dschungels ist gar nichts für mich.«

Ravi entfuhr ein Fauchen, das in ein trauriges Schnurren überging. Hin- und hergerissen zwischen Aufregung und Abschiedsschmerz tat er ein paar Schritte, stoppte aber kurz vor dem Waldrand erneut. »Und wenn du doch mitkommst?«, unternahm er einen letzten Versuch, seine Lehrerin zur Mithilfe zu bewegen. Zärtlich rieb er seinen Kopf an ihrem Fell. »Zu zweit bezwingen wir Bal ganz bestimmt.«

»Nein«, antwortete sie, ohne zu zögern. Nicht nur, weil sie überzeugt war, dass Ravi, wenn er das Gelernte beherzigte, die Herausforderung bewältigen würde. Sondern auch, weil ihr bei dem Gedanken, noch länger in den heißen Gefilden bleiben zu müssen, ganz schwindlig wurde. »Ein Meisterjäger bringt zu Ende, was er angefangen hat«, ermutigte sie ihren Schüler. »Du hast dich auf die Wettjagd eingelassen, den weiten Weg in die Berge auf dich genommen, um das Jagen zu lernen. Nun zeig, was du kannst, und zieh die Sache durch.«

**Ein Meisterjäger bringt zu Ende,
was er angefangen hat.**

»Aber was, wenn …?« Entsetzen stieg in ihm auf, als er sich vorstellte, wie ihn Bal in hohem Bogen aus dem Revier warf, weil er nicht genug erbeutet hatte.

»Hat da gerade jemand einen Rückfall und nimmt das schlechte Ende bereits vorweg, bevor die Wettjagd überhaupt begonnen hat? Ich dachte, du wolltest dir nichts Schlimmes mehr einbilden.« Sie schaute ihn durchdringend an. »Was hast du in der zweiten Nacht gelernt?«

»Dass jede Jagd ein Ende hat. Aber wie sie ausgeht, liegt in meiner Pfote«, entgegnete Ravi kleinlaut.

»Na also. Du hast alles, was ein erfolgreicher Tiger braucht. Warum misst du deine Fähigkeiten nicht an dir selbst? Wenn du nach dem schielst, was andere tun, lenkst du dich von deiner eigentlichen Aufgabe ab. Du musst nicht wie Bal sein, um ihn zu besiegen. Er ist nicht mehr als ein Hindernis auf deinem Weg, das es zu überwinden gilt. Und das gelingt dir mit der Weisheit unserer Vorfahren.« Sie setzte sich auf ihr Hinterteil und hob die linke Pfote. »Lass uns noch einmal zusammenfassen, was du gelernt hast.« Dann fuhr sie die Krallen aus. »Jede dieser Krallen steht für eine Lektion.« Sie berührte mit der rechten Pfote die erste Zehe. »Du hast gelernt, deine Vorhaben vom Ende her zu planen, und erfolgreich eine Fliege gefangen.« Sie zeigte auf die nächste Zehe: »Du hast dich selbst überwunden und deine Kräfte erfolgreich an einem sehr dicken Ast erprobt.« Bei der Erinnerung an Ravis Widerborstigkeit musste sie lachen. Als sie sich wieder gefasst hatte, berührte sie die dritte Zehe und fuhr fort: »Du hast voller Kampfgeist durchgehalten, bis du verstanden hast, worum es wirklich geht bei der Jagd. Das hat dir eine Kopfnuss, äh, eine Kokosnuss eingebracht.« Sie zwinkerte ihm zu und deutete auf die vierte Zehe: »Und du hast dich auf den günstigsten Weg konzentriert, um Beute zu machen. Das hat uns beiden ein Festmahl beschert.«

Aus Ambas Maul hörte sich dieser geballte Rückblick auf die vergangenen Nächte gar nicht so schlecht an. Vielleicht hatte er ja tatsächlich eine Chance, die Wettjagd für sich zu entscheiden. Er atmete tief ein, streckte die Beine durch und fauchte mutig: »Ich … ich gehe da jetzt rein und hol mir das Revier.« Dann stampfte er auf das Dickicht zu.

»Halt, nicht so schnell!« Amba winkte mit ihrer Pfote. »Da ist noch die fünfte Kralle. Willst du nicht wissen, wofür sie steht?« Sie drehte die Pfote, sodass die sichelförmige Kralle sichtbar wurde, die sich bisher an der Seite im Fell verborgen hatte. »Ein Tiger jagt nicht nach fremden Regeln, sondern nach seinen eigenen. Bleib dir selbst treu und tu, was du für richtig hältst. Die Freiheit, die du dadurch gewinnst, macht dich stark, mutig und erfolgreich. Nutze das Wissen unserer Vorfahren konsequent, um zu tun, was getan werden muss. Wie das geht, hast du in den letzten vier Nächten gelernt.«

»Ich vergleiche mich nicht mit anderen«, bestätigte Ravi die Botschaft seiner Lehrerin, »sondern nur mit mir selbst.«

»So gefällst du mir! Auf diese Weise werden deine Fähigkeiten ganz natürlich Tag für Tag wachsen.« Sie stupste ihn liebevoll am Kopf und fügte hinzu: »Dem Entschlossenen kommt das Jagdfieber zu Hilfe.« Sie musterte ihren Schüler von oben bis unten und fügte hinzu: »Und du bist doch entschlossen. Oder?«

»Ja, natürlich«, sagte Ravi leise und nahm sich fest vor, ab jetzt nie mehr zu zögern. »Du kannst ruhig gehen. Ich komme schon zurecht«, fauchte er und warf sich mit Gebrüll ins Gebüsch.

Als sich der dichte Wald hinter ihm schloss, rief sie ihrem Schützling hinterher: »Gib dein Bestes, auch wenn du noch nicht der Beste bist.«

Und der Fliege raunte sie zu: »Los, behalt ihn im Auge. Bal wird es ihm mit Sicherheit nicht leicht machen.«

Ein Tiger jagt nicht nach fremden Regeln, sondern nach seinen eigenen.

Gib dein Bestes,
auch wenn du
noch nicht der
Beste bist.

Ein Meisterjäger bringt zu Ende,
was er angefangen hat.

Ein Tiger jagt nicht
nach fremden Regeln, sondern
nach seinen eigenen.

Gib dein Bestes, auch wenn du
noch nicht der Beste bist.

DURCHBRUCH:
Auf dem Weg zum Meisterjäger

Je tiefer Ravi in den Urwald eindrang, desto heißer wurde es. Nach den kalten Tagen in den Bergen umhüllte ihn die Wärme des Dschungels wie ein alter Freund. Es tat so gut, wieder in heimischen Gefilden zu sein. Wäre da nicht die dunkle Wolke gewesen, die seine Heimkehr überschattete, hätte er sich fast gefreut.

Obwohl so wenig Zeit seit seinem überstürzten Aufbruch in die Berge vergangen war, schien es ihm, als sei er eine halbe Ewigkeit weg gewesen. Wie würde es am Banyan ohne Ravinder sein? Die Fliege, die den Tiger begleitete, ließ sich erschöpft auf seinem Kopf nieder. »Na?«, sinnierte Ravi vor sich hin. »Dir ist bestimmt viel zu warm hier im Urwald. Aber keine Sorge. Bald setzt der große Regen ein und es wird frischer.« Schielend verfolgte er, wie die Fliege auf seine Nase krabbelte. »Was bist du denn so unruhig?« Er überlegte eine Weile und fragte mit gespieltem Ernst: »Willst du mir sagen, dass ich mir keine Sorgen machen soll, weil ich ein Insekt mit den bloßen Pranken fangen kann?« Die Fliege flog aufs andere Ohr. Ravis Blick verfinsterte sich. »Oder meinst du vielleicht, dass mein Können nicht ausreicht, um die Wettjagd zu gewinnen?« Die Fliege verpasste ihm eine Kopfnuss, die dem Tiger allerdings entging. »Ah, jetzt weiß ich es. Du bist Ambas Stellvertreterin.« Er zog die Augenbrauen hoch und imitierte seine strenge Lehrerin: »Nimm Haltung an, Ravi, und tu, was getan werden muss!« Wie gut, dass die alte Dame nicht da war, es hätte ihr bestimmt nicht gefallen, dass ihr Schüler nichts Besseres zu tun hatte, als seine Zeit mit Grübeln zu vergeuden. »Immer schön locker bleiben«, rief er aus und stellte zufrieden fest, dass die Fliege auf seinem Ohr sitzen blieb. »Weißt du: Du kannst nicht jede Jagd gewinnen. Aber es ist wichtig, dafür gekämpft zu haben. Dann musst du dich hinterher nicht fragen, was wohl passiert wäre, wenn du dich mehr angestrengt hättest.«

Du kannst nicht jede Jagd gewinnen. Aber es ist wichtig, dafür gekämpft zu haben.

Als der Tiger mit geschmeidigen Bewegungen an zwei Goldlanguren, die auf einem Ast über ihm dösten, vorbeilief, hüpften die Tiere aufgeregt davon. Mit lautem Geschrei warnten sie die restlichen Mitglieder ihrer Horde, die in der Baumkrone schliefen. Verwundert hob Ravi den Kopf. Nie zuvor hatten die Affen sich so vor ihm erschrocken. Er fauchte übertrieben grimmig und beschleunigte seine Schritte. Nach ein paar Minuten kreuzte ein Blauschaf, das sich von seiner Herde entfernt hatte, seinen Weg. Als es den Tiger erblickte, nahm es so schnell es konnte Reißaus. Mit jedem Meter, den er voranging, gewann er mehr Sicherheit. Die Tiere im Dschungel hatten Respekt vor ihm. »Vier Nächte und fünf Lektionen haben mein Leben verändert. Wer hätte das gedacht!«, fauchte er in den Wald. »Ich mag zwar nicht so groß und erfahren wie Bal sein, dafür bin ich stark und einfallsreich – und habe Ambas Weisheit. Auch wenn ich noch nicht weiß, wie, wird mir schon etwas einfallen, wie ich Bal besiege.« Die Fliege schwirrte fröhlich vorneweg.

Als sie die große Lichtung erreichten, wo Ravinder gefangen genommen wurde, fühlte sich Ravi fast schon wie der Herrscher des Dschungels. »Ich werde das Erbe meines Vaters verteidigen«, fauchte er stolz und machte einen Moment halt. Während er sich traurig umsah, raschelte es auf einmal im Gebüsch. Im nächsten Moment schossen auch schon zwei alte Bekannte hervor.

»Hab ich mir doch gleich gedacht, dass ich diesen Geruch kenne«, bellte Zeter. Und Mordio schimpfte: »Was bist du bloß für ein Tiger? Lässt einfach dein Revier im Stich!«

»Wie wäre es erst mal mit einem Hallo?«, entgegnete Ravi und setzte seinen Weg fort, ohne die beiden weiter zu beachten. Im Revier schien sich nichts verändert zu haben. Die beiden nutzten wie immer jede Gelegenheit, um herumzumeckern. Bis vor wenigen Tagen hätte er sich über ihre spitzen Bemerkungen geärgert und stundenlang darüber nachgedacht, was er hätte antworten können, wäre er spontan genug gewesen. Aber anders als früher verspürte er kein Bedürfnis danach, auf die Nervensägen einzugehen. Wäre Amba hier gewesen, hätte sie bestimmt eine passende Weisheit parat gehabt: »Lass dich nicht aus der Fassung bringen! Du weißt selbst am besten, was gut für dich ist. Wer der richtigen Fährte folgt, muss nicht zurückschauen.« Er schnaubte vor Vergnügen über seine selbst erdachte Erkenntnis. Es lohnte sich nicht, sich auf eine Diskussion mit den Hyänen einzulassen. Vor ihm lag eine große Aufgabe, für deren Erfüllung er all seine Energie brauchte. Wollte er die Wettjagd gewinnen, hieß es: keine unnötige Kraft an das, was einmal war, verschwenden, sondern zuversichtlich nach vorn schauen. Die Wettjagd … Ein leichter Schauder lief ihm über den Rücken.

»Was ist denn mit dem los?«, wunderte sich Zeter und lief Ravi irritiert nach, um die Maserung seines Fells zu begutachten. Die kräftigen schwarzen Streifen, die bis zu den Schenkeln reichten, waren identisch. Doch dieser Tiger hier war so entschieden im Auftreten.

»Den Weg hättest du dir sparen können«, versuchte Zeter, sein Gegenüber aus der Reserve zu locken.

»Genau!«, stimmte Mordio glucksend ein. »Weggegangen, Platz gefangen!« Dabei lief die Hyäne so aufgeregt um die Wildkatze herum, dass sie fast über ihre eigenen Pfoten gestolpert wäre.

Ravi blieb abrupt stehen. »Was soll das heißen?«

»Bal wohnt jetzt am Banyan«, erläuterte Zeter nicht ohne eine gewisse Genugtuung.

»Ja«, ergänzte Mordio spitz, »du warst kaum weg, da hat er Revier bezogen.« Die Hyäne drehte sich ein paarmal aufgeregt im Kreis und schnappte nach ihrem Schwanz. »Uns will er dort nicht mehr sehen, hat er gesagt.«

Wer der richtigen Fährte folgt,
muss nicht zurückschauen.

»Siehst du den Kratzer?« Zeter streckt ihm sein Hinterteil entgegen. »Den hat er mir mit seiner Pranke verpasst, als ich das Aas entsorgen wollte. Der hat einen Schlag, kann ich dir sagen.«

Die Nachricht, dass Bal sich nicht an die Abmachung gehalten hatte, ließ Ravis Herz bis zum Hals schlagen. »Hast du eigentlich schon einmal überlegt, was du tust, wenn Bal nicht mit fairen Mitteln kämpft?«, kamen ihm Ambas Worte wieder in den Sinn. Warum hatte er der Bemerkung seiner Lehrerin nicht mehr Beachtung geschenkt? Er zwang sich, so gelassen wie möglich weiterzulaufen. Lediglich das Zittern seiner Barthaare verriet, wie es wirklich in ihm aussah. »Nichts vorwegnehmen, was du nicht mit eigenen Augen gesehen hast«, bremste er die Panik in seinem Kopf und rannte – gefolgt von den Hyänen – weiter. Nur noch wenige Minuten, und er würde wissen, was am Banyan los war.

Während er sich seinen Weg durch das Dickicht bahnte, spürte er auf einmal ein paar Tropfen auf seiner Nase. Innerhalb von Sekunden ergoss sich der Himmel über ihm. Blinzelnd machte er halt, weil er kaum noch die Pfote vor Augen sehen konnte. »Der große Regen!«, rief er entsetzt aus. »Auch das noch! Wieso ausgerechnet jetzt?« Bald würde der Dschungel ein Schlammbad sein. Und das brachte erschwerte Bedingungen – erst recht für einen ungeübten Jäger. Das Wasser prasselte sintflutartig herunter und bildete rasch große Pfützen. »Mist! Was hab ich bloß verbrochen?«, fluchte Ravi, doch schon im nächsten Moment besann er sich auf das, was er gelernt hatte: »Stopp! Nicht jammern. Nimm den Druck wahr und halte ihm stand.«

»Die Wettjagd fällt ins Wasser ...«, bellte Zeter und überschlug sich auf der nassen Erde fast vor Lachen.

»... weil du in die Berge musstest«, vollendete Mordio den Satz seines Kumpels.

»Haltet doch endlich eure Schnauze«, schrie Ravi. Erschrocken flatterte die Fliege unter dem Ohr des aufgebrachten Tigers hervor, wo sie Schutz vor dem Schauer gesucht hatte. Die Hyänen blieben wie angewurzelt stehen. Das war nicht der Ton, den sie von ihrem alten Kumpel kannten. Mit tropfnassem Fell kämpfte sich Ravi, die Pfoten fest auf den schlammigen Boden aufsetzend, durch den Regen.

»Sieh mal einer an«, empfing ihn eine tiefe Stimme, als er auf die Lichtung bog. Ravi bremste am äußersten Rand des Blätterschirms, als er seinen Rivalen in der Wurzelmulde entdeckte, und schüttelte sich das Wasser aus dem Fell.

»Wen haben wir denn da?« Bal drehte seine linke Vorderpfote mit der Innenseite zu sich und betrachtete seine ausgefahrenen Krallen. »Der verlorene Sohn!« Er runzelte die Stirn und funkelte ihn boshaft an: »Ich hätte nicht gedacht, dass du dich noch einmal hierherwagst.«

Ravi schaute dem gereizten Tiger in die Augen. Gerade so lang, um sich Respekt zu verschaffen, aber nicht zu lang, um ihn nicht noch mehr zu verärgern. Seine Barthaare zitterten leicht und sein linkes Ohr zuckte. Das bemerkte er aber erst, als sich die Fliege draufsetzte. »Danke«, raunte er nach oben und blieb schweigend am Rand des Schattens, den die Baumkrone warf, stehen.

»Hat es dir die Sprache verschlagen?« Bal erhob sich langsam, ließ seine Muskeln spielen und scharrte ein paarmal mit den Pfoten auf dem feuchten Boden. Dann griff er mit seinen Pranken nach einem Ast und setzte ein paar gezielte Kratzer. Das sollte genügen, um seinem Rivalen zu zeigen, wer der neue Chef am Baynan war. Zufrieden kehrte er nach dieser Machtdemonstration in seine Mulde zurück.

So wie der sich aufspielt, dachte Ravi, ist die Sache nicht mit einer Wettjagd getan. Dieser Tiger würde sich nicht einfach

Glaub an dich, auch wenn sich die Dinge nicht so entwickeln, wie du es dir vorstellst.

damit abfinden zu verlieren. Da er Bal nicht noch mehr reizen wollte, starrte er stumm auf den mit Laub übersäten Boden. Während er fieberhaft nach einem Ausweg suchte, presste er das Maul zusammen, um das Zittern seiner Barthaare zu verhindern. Wie konnte er sich seines Rivalen ein für alle Mal entledigen? Es wollte ihm einfach keine Lösung in den Sinn kommen. Die Alarmglocken in seinem Inneren schrillten viel zu laut. Am liebsten wäre er weggerannt, ganz weit weg.

»Kampfgeist«, besänftigte er sein aufgewühltes Gemüt. »Glaub an dich, auch wenn sich die Dinge nicht so entwickeln, wie du es dir vorstellst. Ganz ruhig. Denk nach. Dir wird schon was Gutes einfallen …«

»Aaooughh«, unterbrach Bal seine Gedanken, »ich hab dich was gefragt!«

Vorsichtig kam Ravi näher. Einen knappen Meter vor dem Baumstamm blieb er, den Blick nach wie vor gesenkt, stehen und atmete tief ein und aus. »Nicht an ihm orientieren. Bleib dir treu«, ermahnte er sich selbst und versuchte, sich auf das zu konzentrieren, womit er die größte Wirkung erzielen würde.

»Was glotzt du so dumm auf den Boden?« Bal bäumte sich zu voller Größe auf und fuchtelte mit seinen Vorderpfoten vor Ravis Schnauze herum. »Wir können uns die Wettjagd auch sparen und gleich hier kämpfen.« Er schlug mit seiner dicken Pranke auf den Boden, sodass die Blätter aufflogen, dann kam er mit seiner Schnauze ganz dicht an Ravi heran, der zurückwich, als ihm Bals schlechter Atem und seine Kampfansage entgegenschlugen. »Und eins kannst du mir glauben«, brüllte er wütend, »eine halbe Portion wie dich bring ich mit links zu Fall.« Er grinste hinterhältig. »Das wird schrecklich wehtun. Denn das Laub ist nicht so weich, wie es aussieht.«

Laub?, schoss es Ravi durch den Kopf. Wieso Laub? Und im nächsten Moment verwandelte sich Bals Drohung zu einer rettenden Idee. Laub! Natürlich! Warum hatte er nicht schon früher daran gedacht? Die Lösung lag die ganze Zeit direkt vor ihm, aber er hatte sie nicht gesehen, weil er viel zu sehr mit dem Problem beschäftigt gewesen war. »Jetzt oder nie!«, spornte er sich an, während sich der Gedanke zu einem Plan formte. »Wer sich auf die Lösung konzentriert und nicht auf das Problem, macht aus dem Zufall eine Gelegenheit.«

»Wir sehen uns heute Nacht, wenn der Mond über dem Banyanbaum steht«, gab er kurz und bündig zurück und trat unter dem Schirm des Banyan hervor. In der Zwischenzeit hatte es aufgehört zu regnen und die Sonne blitzte zwischen den grauen Wolken hindurch. »Bitte entschuldige mich jetzt, ich habe zu tun.« Als er an den Hyänen vorbeikam, kommandierte er: »Mitkommen!«

In ausreichender Entfernung, aber immer noch in Hörweite, ließ er sich ins Gras fallen und beobachtete verstohlen, wie der verdutzte Bal ihm mit seinen Blicken folgte. Er gähnte demonstrativ und sagte dann zu den Hyänen gewandt: »Ich kenne das Revier wie kein anderer und werde die Jagd auf der Lichtung hinter dem Banyan beginnen, wo nach Einbruch der Dunkelheit die meisten Tiere sind.«

Mit offenem Maul blickten die beiden Hyänen von einem Tiger zum anderen. Ravi schien von allen guten Geistern verlassen zu sein und in den Bergen rein gar nichts gelernt zu haben. Wollte er seine Jagdstrategie etwa im Beisein von Bal ausposaunen?

Unauffällig und mit gespitzten Ohren krabbelte Bal ein wenig näher.

»Aber was redest du denn da?«, heulte Zeter auf, der sich schon in ein anderes Revier umziehen sah. Dann flüsterte er: »Er kann doch alles hören. Außerdem ist auf der Lichtung doch nichts außer der …«

»Keine Widerrede«, fiel Ravi der vorlauten Hyäne ins Wort. »Und jetzt verschwindet. Ich muss mich ausruhen, um heute Nacht fit zu sein.«

Bal robbte zur Wurzelmulde zurück und rollte sich entspannt auf die Seite. Er hatte genug gehört. Die Wettjagd gegen diesen einfältigen Kerl war so gut wie gewonnen. Bald darauf schlief er tief und fest.

Nach dem heftigen Regenschauer hatte sich die schwüle Hitze des Nachmittags bleiern über den Urwald gelegt. Die Tiere des Dschungels dösten träge vor sich hin. Auch Bal träumte schnarchend von seinem Sieg. Nur einer war hellwach: Ravi. Er blieb im Gras liegen, bis Bals sägender Atem ganz gleichmäßig ging. Dann stand er auf und stahl sich leise davon. Es war noch einiges zu erledigen, um seinen Plan umsetzen zu können – und das musste er allein tun. Die Hyänen würden ihm keine Unterstützung sein. Sie hatten ihm bisher nicht den Rücken freigehalten und würden es auch in Zukunft nicht tun. Wollte er Bal ein für alle Mal aus dem Revier verjagen, musste er selbst dafür sorgen. Auf der Lichtung angekommen, überprüfte er sorgfältig das Terrain und traf die letzten Vorkehrungen. Das war ein gutes Stück Arbeit, und er ließ sich, als er fertig war, zufrieden mit sich selbst mitten auf die Wiese fallen. Er wusste, was er wollte, war gut vorbereitet und hatte seine Aufgabe fest im Blick. So machte das Jagen Spaß. Auch den Regen, der jederzeit wieder einsetzen konnte, fürchtete er nicht mehr.

Während er die Bäume und Büsche, die die Lichtung umgaben, im Auge behielt, dachte er noch einmal an die letzten Tage. Vor seiner Zeit in den Bergen war das Jagen immer anstrengend und mit Angst verbunden gewesen. Bis dahin hatte er seine Aufmerksamkeit immer nur auf die Hindernisse oder den erfolgreichen Ausgang der Jagd gerichtet und gar nicht gemerkt, wie schön der Moment des Jagens war. Diesmal war alles anders. Er sah der Herausforderung, die vor ihm lag, gespannt und zugleich gelassen entgegen. Eine freudige Erregung überkam ihn. Das Jagdfieber hatte ihn gepackt. Und mit einem Mal verstand er, dass das wahre Glück nicht darin lag, Beute zu machen, sondern die Jagd zu genießen. »Ich wünschte, mein Vater und Amba wären hier«, seufzte er. Sie wären sicher stolz gewesen, dass aus der verschreckten Wildkatze ein mutiger Tiger geworden war. Und leise fügte er hinzu: »Ich danke dir, weise Tigerin. Das Dschungeltrauma ist überwunden. Nun werde ich das Revier meines Vaters zurückerobern.« Er richtete sich auf den Hinterläufen stehend auf und fauchte: »Es ist nicht die Beute, die den Jäger antreibt, es ist die Jagd. Heute Nacht werde ich zeigen, dass ein Meisterjäger in mir steckt.« Nach diesen Worten legte er sich wieder auf die Erde und beobachtete wachsam die Umgebung.

Die Dunkelheit war längst hereingebrochen, als Bal vom Geschrei der Affen geweckt wurde. Er streckte sich auf seinem Lager und ließ seinen Blick verschlafen umherschweifen. Als er die leere Stelle sah, wo Ravi am Nachmittag gelegen hatte, dämmerte es ihm. Dieser dreiste Tiger war verschwunden. Entweder hatte er es sich anders überlegt und war abgehauen oder … voller Nervosität lief er einmal um den Baum … oder Ravi war ein Betrüger und längst auf der Jagd. »Rwaaaar«, brüllte er in die Nacht und stapfte wütend davon.

Zeter und Mordio, die noch immer im Gras schliefen, schreckten hoch, als Bal auf sie zugerannt kam. »Wo ist diese verdammte Lichtung?«, brüllte er. »Zeigt mir den Weg. Aber dalli!«

Aufgeregt wegen des bevorstehenden Spektakels übernahm Zeter, der sofort verstanden hatte, was geschehen war, die Führung durch das Unterholz, dicht gefolgt von Bal und in etwas Abstand von Mordio, der ihnen etwas verwirrt folgte.

Es ist nicht die Beute, die den Jäger antreibt, es ist die Jagd.

Kaum hatten sie die Lichtung erreicht, stieß Bal Zeter zur Seite und sprintete erzürnt von dem Anblick, der sich ihm bot, nach vorn. Da lag dieser freche Tiger mitten auf der Wiese und starrte ihn unverschämt an. Warum hatte er sich von dieser halben Portion nur hinreißen lassen, eine Wettjagd vorzuschlagen? Es war höchste Zeit, ihm eine unvergessliche Lektion zu erteilen.

Ravi spürte, wie die Angst in ihm hochstieg. Er nahm sie wahr – und presste die Pfoten fest auf den Boden. »Liegen bleiben und bis zum richtigen Moment ausharren!«, befahl er sich stumm und ließ seinen Widersacher immer näher kommen.

»Du dachtest, du könntest mich überlisten …«, fauchte Bal zornig und stürmte auf ihn zu.

Ein Beben durchfuhr Ravi, während er in das weit aufgerissene Maul blickte.

»Du dachtest, du wärst schlauer als ich«, fauchte Bal und setzte zum Sprung an. Das Laub wirbelte auf, während er brüllte: »Aber nicht mit miaaaa…« Dann fiel er in die Tiefe.

»Was ist das? Wo bin ich?«, donnerte es aus der Grube. »Du miese kleine Katze … Dich krieg ich.« Er versuchte, an den vom Regen matschigen Grubenwänden hochzuklettern, während die verdatterten Hyänen in das Loch knurrten. Als ihm klar wurde, dass der Tiger, den er gerade beschimpfte, seine einzige Rettung aus dem Gefängnis war, säuselte er: »Man kann doch über alles reden. Los, hol mich hier raus.«

Schweigend kroch Ravi an den Rand der Grube und schaute dem vor Wut dampfenden Bal dabei zu, wie er vergeblich versuchte, sich aus seinem Gefängnis zu befreien. Nach einer Weile machte er sich erleichtert auf den Heimweg. Es gab nichts mehr zu tun. Er hatte sein Bestes gegeben und Beute gemacht – große Beute. Und das mit einer Strategie, an die außer ihm niemand geglaubt hatte.

Du kannst nicht jede Jagd gewinnen. Aber es ist wichtig, dafür gekämpft zu haben.

Wer der richtigen Fährte folgt, muss nicht zurückschauen.

Glaub an dich, auch wenn sich die Dinge nicht so entwickeln, wie du es dir vorstellst.

Es ist nicht die Beute, die den Jäger antreibt, es ist die Jagd.

Das Vermächtnis der weißen Tigerin

Die Mittagssonne drückte die Hitze ins Tal herab und durch-
flutete den Dschungel mit gleißendem Licht, als Ravi in der
Wurzelmulde am Banyan erwachte. Nur das leise Surren einer
Fliege war zu hören, die um den Kopf des Tigers schwirrte.
»Mmmhhh, lass mich schlafen.« Er wedelte mit der Pfote nach
ihr. Doch die Fliege gab nicht auf. Schließlich war ihre Arbeit
noch nicht getan. Elegant landete sie auf der Schnauze des
Tigers und krabbelte dort herum. Eine Weile gelang es dem
Tiger, die Ruhestörung zu ignorieren, doch irgendwann hatte
er genug. Er fragte mit einem Stöhnen: »Und was willst du jetzt
wieder?« Das Insekt flatterte aufgeregt zum Banyan.

Ravi richtete sich geräuschvoll auf. Zeter und Mordio, die
in respektvollem Abstand zu dem Tiger auf ihrem Lager lagen,
beobachteten sein Treiben verstohlen. »Ich habe keine Ahnung«,
brachte er unter Gähnen hervor, »was du mir sagen willst. Hier
ist doch alles friedlich.« Da die Fliege keine Ruhe gab, trat er aus
seiner Mulde: »Ist hier etwas, das du mir zeigen willst?« Die Fliege
schüttelte den Kopf. »Soll ich etwas tun?« Das Insekt nickte und
setzte sich auf seine rechte Pfote. Dort krabbelte es bis zu den
Zehen. Instinktiv fuhr der Tiger seine Krallen aus.

Da verstand er. »Du möchtest, dass ich den Baumstamm
markiere!« Ihm fiel ein, wie er in der zweiten Nacht in den
Bergen auf Ambas Geheiß in einen Ast einritzen musste, was
ihn hinderte, seine Kräfte zu entfesseln. »Du willst, dass ich
aufschreibe, was ich gelernt habe. Ich soll das Jagdwissen meiner Vorfahren festhalten – hier in der Rinde.« Die Fliege hob
von der Rinde ab und setzte sich auf sein rechtes Ohr, während
Ravi begann, seine Erkenntnisse zu verewigen:

Im Dschungel des Lebens kommt es nicht darauf an, was passiert, sondern was du daraus machst. Wenn etwas in deinem Leben nicht so läuft, wie du es dir vorstellst, hast du zwei Möglichkeiten: Du kannst dich in einem Erdloch verkriechen, verzweifeln, schimpfen und andere für die Probleme, mit denen du dich konfrontiert siehst, verantwortlich machen. Oder du schärfst deine Krallen und stellst dich der Herausforderung, um daran zu wachsen.

Willst du Beute machen, musst du dich in den Dschungel wagen. Nur mitten im Leben kannst du einen Durchbruch erzielen. Überlass das Jagen also nicht den anderen, sondern sorge selbst für deine Beute. Dein Jagdinstinkt, der in jedem von uns steckt, hilft dir dabei. Er ist wie ein innerer Kompass. Schärfst du diesen Instinkt, wirst du reiche Beute machen. Vernachlässigst oder unterdrückst du ihn, verkümmert er und zeigt sich höchstens als zartes Kätzchen oder als träger Kater.

Erfolg stellt sich nicht durch Glück oder Zufall ein, sondern nur, indem du dich auf die Suche danach begibst. Das Schwierigste dabei ist meist der Anfang. Zögere nicht. Mach dich auf den Weg! Jetzt! Mit jedem noch so kleinen Schritt kommst du deinem Ziel näher, auch wenn es dir gerade unendlich weit entfernt zu sein scheint. Und vergiss niemals: Ein Meisterjäger genießt die Jagd. Erfolg ist für ihn, was ihn satt und glücklich macht.

Conclusio:
Die Tiger-Strategie im Business

Klarheit

Der Tiger jagt, weil er hungrig ist. Er weiß genau, was er will, und verfolgt sein Ziel vorausschauend.

Der Businesstiger überlegt:

Nur klare und eindeutig formulierte Ziele, Strategien und Aktionspläne bringen mich wirklich weiter. Was will ich im Leben erreichen? Was macht mich glücklich und zufrieden? Worin will ich meine Zeit und Kraft investieren? Kenne ich den Weg zum Ziel gut genug?

Kraft

Der Tiger jagt im Einklang mit sich selbst. Auf seine Stärke und Willenskraft vertrauend, überwindet er alle Widerstände.

Der Businesstiger überlegt:

Wenn ich meine Kräfte gezielt einsetze und bündele, erziele ich mit dem, was ich tue, die größte Wirkung. Stärken stärken statt über Schwächen lamentieren, heißt die Devise. Was hält mich davon ab, meine Erfolge zu realisieren? Bin ich bereit, innere Widerstände zu überwinden und meine Komfortzone zu verlassen? Umgebe ich mich mit den richtigen Partnern? Ist meine Vision stark genug, um mich in harten Zeiten zu tragen? Verfüge ich über ausreichend Selbstdisziplin?

Kampfgeist

Der Tiger hat ein dickes Fell und bleibt bis zur Schmerzgrenze hartnäckig. Er weicht zurück, aber gibt nicht auf.

Der Businesstiger überlegt:

Nie aufgeben und auch in einer aussichtslosen Situation proaktiv sein. Hartnäckigkeit zahlt sich aus, gegebenenfalls bis an die Schmerzgrenze. Bin ich bereit, die Verantwortung für mein Handeln zu übernehmen? Was muss ich selbst tun? Was kann ich an andere abgeben? Habe ich alles, was andere für mich tun, unter Kontrolle? Wie reagiere ich, wenn sich die Dinge nicht so entwickeln, wie ich es mir vorstelle? Was kann ich tun, um Engpässe zu überwinden? Was fehlt, um eine Sache zum Abschluss zu bringen? Wie kann ich in harten Zeiten für erholsame Pausen sorgen? Was kann ich aus Fehlern lernen?

Konzentration

Der Tiger wählt den günstigsten Weg zum Erfolg. Er konzentriert sich auf das, womit er die grösste Wirkung erzielt und schlägt im richtigen Moment zu.

Der Businesstiger überlegt:

Wer seine Kräfte spitz konzentriert statt breit verzettelt, überwindet Widerstände wesentlich einfacher. In welchen Momenten ist Routine gefragt und wann Flexibilität? Wie lenke ich mein Engagement auf den wirkungsvollsten Punkt? Habe ich das Wesentliche im Blick?

Konsequenz

Der Tiger gibt auf der Jagd stets sein Bestes. Entschlossen bringt er zu Ende, was er angefangen hat.

Der Businesstiger überlegt:

Unbeirrt von anderen seinen Weg verfolgen und zu seinen Überzeugungen stehen, das ist Charakter- und Führungsstärke. Welcher Leitgedanke treibt mich an? Welche persönlichen Grenzen möchte ich sprengen? Bin ich bereit, mein Bestes zu geben? Welcher Fährte muss ich folgen, um das zu realisieren, was ich mir wünsche?

Nachwort

**Wer auf die Jagd nach einem Tiger geht,
muss damit rechnen, einen Tiger zu finden.**

Indisches Sprichwort

»Wer für seine Erfolge nicht selbst sorgt, hat sie nicht verdient.« Auch wenn diese Sichtweise für manche provokant klingt, bringt sie tatsächlich eines meiner Grundprinzipien zum Ausdruck: eine proaktive und selbstbestimmte Lebenseinstellung. *No action, no satisfaction!*

Glaub mir, ich weiß, wovon ich spreche. Nach vielen Jahren als Selbstversorger in Sachen Erfolg bin ich ein Experte auf diesem Gebiet geworden. Lass mich dazu ein persönliches Beispiel geben: Ich wollte immer ein erfolgreicher Autor sein, der mit seinen Bücher die Menschen auf der ganzen Welt bewegt. Deshalb war es mir wichtig, dass sie sich in hohen Auflagen in möglichst vielen Ländern verkaufen. Zu Anfang meiner Karriere als Autor sah es jedoch erst einmal gar nicht nach Erfolg aus. Als unbekannter Neuling in der Branche kassierte ich von den Verlagen, denen ich mein erstes Manuskript angeboten hatte, eine Absage nach der anderen. Sie wollten lieber das 17. Buch mit einem eingeführten Autor machen als das erste eines Unbekannten. Das sind die rauen Gesetze des Dschungels ...

Um meinen Plan dennoch zu realisieren, drehte ich das Problem um und konzentrierte mich auf den Engpass der Verlage. »Wie viele Exemplare muss ich abnehmen«, schrieb ich zurück, »damit Sie mein Buch verlegen?«

»500 Stück«, bekam ich von einem renommierten Verleger zur Antwort. Ich sagte zu und die Dinge nahmen ihren Lauf. Das Verlagshaus publizierte mein Buch unter dem Titel *Mehr Zeit für das Wesentliche* zu einem Ladenpreis von 48 D-Mark. Bei Erscheinen lieferte man mir zwei Paletten mit 500 Büchern in meine kleine Zweizimmerwohnung in Stuttgart-Stammheim. Beiliegend eine Rechnung über 14.400 D-Mark, immerhin mit Autorenrabatt, zahlbar sofort. Von da an kreisten meine Gedanken nur noch darum, wie ich die vielen Bücher, für die ich einen Kredit von 15.000 D-Mark – seinerzeit noch mehr Geld als heute – aufgenommen hatte, wirtschaftlich sinnvoll wieder loswürde.

Hunger macht erfinderisch! Damals war ich unter anderem Vorsitzender der Gruppe Stuttgart in der Gesellschaft für Arbeitsmethodik (GfA), deren Ehrenmitglied ich heute bin. Der gemeinnützige Verein gab in regelmäßigen Abständen den *Arbeitsmethodiker*, eine Zeitschrift für seine Mitglieder, heraus. Ich konnte den Schriftleiter überzeugen, darin kostenlos eine Bestellkarte für das Buch beizulegen. Den Verlag hatte ich motiviert, die Karten auf ihre Rechnung drucken zu lassen. Es gingen zahlreiche Bestellungen ein, die ich alle eigenhändig mit einer Rechnung versah, verpackte und zur Post brachte. Zwei Kunden haben ihre Rechnung übrigens bis heute nicht bezahlt. Es gibt Dinge, die vergisst man nie … Dennoch wurde diese erste von über 20 Hardcover- und 30 Taschenbuchauflagen ein wirtschaftlicher Erfolg – obwohl ich nicht wenige Exemplare zu Werbezwecken verschenkt habe. Und mein Wohnzimmer war endlich wieder leer.

Aber damit war mein Traum vom internationalen Bestsellerautor noch nicht Realität geworden. Jahrelang lief ich mir in den internationalen Hallen der Frankfurter Buchmesse die Schuhsohlen ab, um ausländische Verlage zu rekrutieren. Ich marschierte von Messestand zu Messestand und sprach bei jedem Wirtschaftsverlag vor. Meine Ansprechpartner allerdings waren alle eher daran interessiert, ihre eigenen Lizenzen nach Deutschland zu verkaufen, als mein Buch in ihrem jeweiligen Land zu veröffentlichen. Der Dschungel … Weitergereicht von einem Kontakt zum nächsten gelangte ich schließlich zu einem Foreign Rights Manager eines US-amerikanischen Verlages, den ich, nachdem wir uns kennengelernt hatten, von da an einmal pro Monat anrief, um ihn für mein Buch zu erwärmen. Das tat ich zwei Jahre lang! Und damals gab es noch keine Flatrates! Doch diese Lektion brachte mir etwas Wichtiges bei: Am besten ist dein Geld immer in dich selbst investiert.

Nach über zwei Jahren war es dann so weit, einen neuen Vorstoß zu wagen. Als der Verlagsmanager wieder zur Frankfurter Buchmesse kam, lud ich ihn zusammen mit seinem Chef in das beste Restaurant der Stadt ein. Ich erinnere mich noch daran, als wäre es gestern gewesen. Statt Wein aus dem Rheingau tranken die beiden Whiskey on the rocks zu den fränkischen Spezialitäten. Doch nach dem x-ten Glas war der Lizenzvertrag unter Dach und Fach. Es würde eine US-Ausgabe meines Buches geben. Ziel erreicht. Und damit nahm die kybernetische Erfolgsspirale ihren Anfang. Denn diese Ausgabe öffnete mir die Tür zu zahlreichen nationalen und internationalen Verlagen. Und die US-Ausgabe erhielt auch noch den Benjamin-Franklin-Preis für das »Beste Businessbuch des Jahres«, verliehen von der Publishers Marketing Association. Nachdem ich den Anfang gemacht und diese Hürde genommen hatte, gerieten die Dinge in Bewegung. Mit über 50 Buchtiteln und über 5 Millionen verkauften Exemplaren, die in 40 Sprachen übersetzt wurden, ist der Rest Verlagsgeschichte.

Was ich damit sagen will: Kein Mensch kann sich darauf verlassen, dass andere ihn erfolgreich machen. Auch wenn ich nun seit über 30 Jahren ein Bestsellerautor bin, haben sich meine Bücher nie von selbst veröffentlicht. Dazu braucht es viele Mitstreiter. Aber allen voran immer einen: den Autor selbst.

Nicht mit Hadern, Hoffen oder Wünschen, sondern nur mit Biss und Eigeninitiative gelangt man zum Erfolg.

Streifen allein machen noch keinen Tiger!

Ich wollte mein Leben lang lieber Jäger als Gejagter sein. Deshalb kümmere ich mich eigenhändig um die Dinge, die mir wichtig sind. Oder anders ausgedrückt: Ich sorge selbst für meine Erfolge, denn sonst hätte ich sie nicht verdient. Hat der Erfolg einen Preis?, fragen Sie jetzt vielleicht. Die Antwort ist ganz einfach: *Klarheit, Kraft, Kampfgeist, Konzentration* und *Konsequenz*. Die fünf Schlüsselkompetenzen, die aus Tiger Ravi einen Meisterjäger gemacht haben, gilt es zu beherzigen. Sie waren und sind meine treuen Wegbegleiter, deshalb möchte ich sie dir ans Herz legen. Wir brauchen sie, um in unserer immer komplexer werdenden Welt nicht bloß zu überleben, sondern glücklich und zufrieden zu leben. Aufgrund meiner persönlichen und beruflichen Erfahrung bin ich davon überzeugt, dass du mit der Tiger-Strategie den Erfolg erzielst, den du dir wünschst und den du verdienst.

Ach ja, das hätte ich beinahe vergessen: Sollte dir eines schönen Tages ein Tiger begegnen, der dich an den großen Ravinder erinnert, dann erzähle ihm, dass aus seinem Sohn am Ende doch noch ein Meisterjäger geworden ist.

Herzliche Tiger-Grüße

Dein Lothar Seiwert

www.Tiger-Strategie.de
www.Lothar-Seiwert.de

Streifen allein machen noch keinen Tiger!

Literatur

 Arden, Paul: **Es kommt nicht darauf an, wer du bist, sondern wer du sein willst.** 14. Auflage, Berlin: Phaidon, 2015

 Blanchard, Ken und Johnson, Spencer: **The New One Minute Manager.** Managing Your Work and Life. London: Thorstons/HarperCollins, 2015

 Friedrich, Kerstin; Malik, Fredmund und Seiwert, Lothar: **Das große 1×1 der Erfolgsstrategie.** EKS® – Die Strategie für die neue Wirtschaft. 21. Auflage, Offenbach: Gabal, 2015

 Hendricks, Gay: **The Big Leap.** Conquer Your Hidden Fear and Take Life to the Next Level. New York: HarperOne, 2009

 Seiwert, Lothar: **Ausgetickt: Lieber selbstbestimmt als fremdgesteuert.** Abschied vom Zeitmanagement. 2. Auflage, München: Ariston, 2011

 Seiwert, Lothar: **Das neue Zeit-Alter.** Warum es gut ist, dass wir immer älter werden. Mit einem Geleitwort von Pater Anselm Grün. München: Ariston, 2014

 Seiwert, Lothar: **Die Bären-Strategie: In der Ruhe liegt die Kraft.** 7. Auflage, München: Ariston, 2011

 Seiwert, Lothar: **Lass los und du bist Meister deiner Zeit.** Mit Konfuzius entschleunigen und Lebensqualität gewinnen. 3. Auflage, München: Gräfe und Unzer 2014

 Seiwert, Lothar: **Noch mehr Zeit für das Wesentliche.** Zeitmanagement neu entdecken. 6. Auflage, München: Goldmann, 2015

 Seiwert, Lothar: **Wenn du es eilig hast, gehe langsam.** Mehr Zeit in einer beschleunigten Welt. 16. Auflage, Frankfurt und New York: Campus, 2012

 Seiwert, Lothar: **Zeit ist Leben, Leben ist Zeit.** Die Probleme mit der Zeit lösen. Die Chancen der Zeit nutzen. 2. Auflage, München: Ariston, 2013

Charity:
Unterstütze die Tiger

Am Ende wird alles gut sein.
Und wenn es noch nicht gut ist,
dann ist es noch nicht das Ende.

Indisches Sprichwort

WWF Deutschland: Den Tigerschutz ausbauen
Das Ziel: Bis 2022 soll sich die Zahl der Tiger in freier Wildbahn verdoppelt haben. Patenschaft abschließen, Tigerretter werden oder einmalig für Tiger spenden:
www.wwf.de/themen-projekte/bedrohte-tier-und-pflanzenarten/tiger/
www.wwf.de/aktuell/tiger-spendenmarathon-der-wilderei-die-krallen-zeigen/

A World for Tigers Foundation
Die aktuellen Projekte der »A World for Tigers«-Foundation helfen ganz gezielt, das Überleben der Indochinesischen Tiger in Thailand und Myanmar zu sichern:
www.a-world-for-tigers.org/?q=de/content/spenden-helfen

Black Jaguar and White Tiger Foundation
Diese Organisation fokussiert ihre Kraft und Energie darauf, »big cats from bad circumstances« zu retten und ihnen ein Leben in Würde und Sicherheit zu ermöglichen.
www.blackjaguarwhitetiger.org

IFAW (Internationaler Tierschutz-Fonds)
setzt sich ebenfalls für den Schutz der Tiger ein:
www.ifaw.org / deutschland / unsere-arbeit / rettung-der-letzten-tiger

Sarmoti Foundation von Siegfried & Roy
Wer kennt sie nicht, die berühmten weißen Tiger der beiden
Magier Siegfried und Roy aus Las Vegas? Sarmoti ist ein Akro-
nym für »Siegfried And Roy, Masters Of The Impossible«. Ihre
gleichnamige Foundation hilft, dass die großen weißen Katzen
überleben und sich auch nachfolgende Generationen daran er-
freuen können. Hier hätte Amba auch ein schönes Zuhause ...
www.siegfriedandroy.com

Danksagung

Ewiger Dank an meine leider verstorbenen Eltern *Dr. med. Theodor* und *Margret Seiwert*, ohne die ich auf Sumatra nicht das Licht der Welt – und den ersten Tiger – erblickt hätte.

Ganz besonderer Tiger-Dank (»fauch, fauch!«) an *Stephanie Ehrenschwendner* für deine durchgängig kompetente und kreative Begleitung bei diesem Buchprojekt: Von der Initialidee über die ersten Projektskizzen und Konzepte, das Storyboard und -telling, die treffendsten Formulierungen, die gemeinsamen Recherchetermine im Zoo – und unsere Freundschaft.

Danke an meine Agentin *Lianne Kolf* für unsere wunderbare, langjährige und erfolgreiche Zusammenarbeit.

Danke an *Dr. Diane Zilliges* für dein umsichtiges und kompetentes Lektorat.

Danke an *Anika Dürl,* werdewelt GmbH, für dein wunderschönes Layout und Buchdesign, um die Tiger und die anderen Dschungelbewohner bildhaft werden zu lassen.

Danke an Diplompsychologin *Silke Reinbold*, INITIAL Akademie, für dein professionelles Sparring beim Tiger-Test.

Last but not least danke an den *Ariston Verlag* dafür, dass er mir auf der Tigerfährte vertrauensvoll gefolgt ist.

Und natürlich mein tierischer Dank an alle *Tigerinnen* und *Tiger,* ob mit zwei oder vier Pfoten, die für ihren Erfolg bereit sind, die Krallen zu zeigen.

In der Ruhe liegt die Kraft

Lothar Seiwert
Die Bären-Strategie:
In der Ruhe liegt die Kraft.
128 Seiten | Klappenbroschur

ISBN 978-3-453-61000-2
EUR 7,95
Auch als E-Book erhältlich

„Das Erfolgsgeheimnis mit zwei
Worten: gaaaanz ruhig. Eine
beeindruckende Kreativleistung."
(Stern)

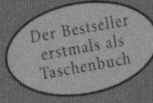

Lothar Seiwert
Die Bären-Strategie:
In der Ruhe liegt die Kraft.
Hörbuch

ISBN 978-3-424-20037-9
EUR 9,95

Bärig lebt's sich besser! Denn Bären stehen für
die Ruhe und die Kraft, die erforderlich sind, um
die Herausforderungen eines hektischen Alltags
souverän zu meistern. Anhand einer charmanten
Fabel, in der die sympathischen Waldbewohner die
Hauptrolle spielen, zeigt Deutschlands gefragtester
Coach für Zeit- und Selbstmanagement, wie man
dank kluger Zeiteinteilung seine eigenen Ziele und
Wünsche verwirklichen und ein glückliches und
sinnerfülltes Leben führen kann.

ARISTON α